Découvrez des Jeux Gratuits en Ligne

Disponible Ici :

BestActivityBooks.com/FREEGAMES

5 ASTUCES POUR DÉMARRER !

1) COMMENT RÉSOUDRE LES MOTS MÊLÉS

Les puzzles sont dans un format classique :

- Les mots sont cachés sans espaces, tirets, ...
- Orientation : Les mots peuvent être écrits en avant, en arrière, vers le haut, vers le bas ou en diagonale (ils peuvent être inversés).
- Les mots peuvent se chevaucher ou se croiser.

2) UN APPRENTISSAGE ACTIF

Un espace est prévu à côté de chaque mots pour noter la traduction. Pour favoriser un apprentissage actif un **DICTIONNAIRE** à la fin de cette édition vous permettra de vérifier et étendre vos connaissances. Cherchez et notez les traductions, trouvez-les dans le Puzzle et ajoutez-les à votre vocabulaire !

3) MARQUEZ LES MOTS

Vous pouvez inventer votre propre système de marquage. Peut-être en utilisez-vous déjà un ? Sinon, vous pourriez, par exemple, marquer les mots qui ont été difficiles à trouver d'une croix, ceux que vous avez aimés d'une étoile, les mots nouveaux d'un triangle, les mots rares d'un diamant, etc...

4) STRUCTUREZ VOTRE APPRENTISSAGE

Cette édition vous offre un **CARNET DE NOTES** très pratique à la fin du livre. En vacances ou en voyage ou à la maison, vous pouvez facilement organiser vos nouvelles connaissances sans avoir besoin d'un second bloc-notes !

5) VOUS AVEZ FINI TOUTES LES GRILLES ?

Allez à la section bonus **CHALLENGE FINAL** pour trouver un jeu gratuit à la fin de cette édition !

Simple et Rapide ! Découvrez notre collection de livres d'activités pour votre prochain moment de détente et **d'apprentissage**, à juste un clic de distance !

Trouvez votre prochain défi sur :

BestActivityBooks.com/MonProchainLivre

À vos marques, prêts... Partez !

Saviez-vous qu'il existe environ 7 000 langues différentes dans le monde ? Les mots sont précieux.

Nous aimons les langues et avons travaillé dur pour créer les livres de la plus haute qualité pour vous. Nos ingrédients ?

Une sélection des thématiques d'apprentissage adaptée, trois belles parts de divertissement, puis nous ajoutons une cuillère de mots difficiles et une pincée de mots rares. Nous les servons avec soin et un maximum de plaisir pour vous permettre de résoudre les meilleurs jeux de mots mêlés qui soient et d'apprendre en vous amusant !

Votre avis est essentiel. Vous pouvez participer activement au succès de ce livre en nous laissant un commentaire. Nous aimerions vraiment savoir ce que vous avez préféré dans cette édition !

Voici un lien rapide qui vous mènera à la page d'évaluation de vos commandes :

BestBooksActivity.com/Avis50

Merci pour votre aide et amusez-vous bien !

De la part de toute l'équipe

1 - Adjectifs #2

```
I  A  D  R  E  S  P  O  N  S  Á  V  E  L
W  F  O  R  T  E  U  U  O  A  S  Z  I  S
Y  F  T  G  N  L  R  M  V  U  A  S  N  E
R  B  A  P  R  E  O  G  O  T  L  A  T  L
F  N  D  V  N  G  P  F  D  Ê  G  U  E  V
D  A  O  R  P  A  R  O  R  N  A  D  R  A
N  T  M  Z  A  N  O  R  A  T  D  Á  E  G
B  U  S  O  T  T  D  G  M  I  O  V  S  E
V  R  D  E  S  E  U  U  Á  C  T  E  S  M
M  A  Ç  W  C  O  T  L  T  O  S  L  A  Q
O  L  N  Y  W  O  I  H  I  F  H  V  N  D
C  R  I  A  T  I  V  O  C  I  W  L  T  X
M  Z  E  U  F  O  O  S  O  V  W  O  E  F
N  Q  W  G  B  J  P  O  D  E  R  O  S  O
```

AUTÊNTICO	NOVO
FAMOSO	PRODUTIVO
CRIATIVO	PODEROSO
DOTADO	PURO
DRAMÁTICO	RESPONSÁVEL
ELEGANTE	SAUDÁVEL
ORGULHOSO	SALGADO
FORTE	SELVAGEM
INTERESSANTE	SECO
NATURAL	

2 - Exploration

```
E  D  E  S  C  O  N  H  E  C  I  D  O  E
T  X  Y  A  P  R  E  N  D  E  R  Q  F  X
A  A  A  Z  D  V  I  A  G  E  M  W  Ç  C
C  N  T  U  I  A  S  B  G  R  Ç  K  E  I
U  S  I  O  S  C  O  R  A  G  E  M  R  T
L  E  V  M  T  T  T  E  R  R  E  N  O  A
T  L  I  U  A  W  Ã  U  S  B  Ç  J  E  Ç
U  V  D  O  N  I  N  O  V  O  U  Z  L  Ã
R  A  A  O  T  Z  S  K  L  Ç  N  S  R  O
A  G  D  Q  E  L  E  X  Í  W  I  O  C  D
S  E  E  S  P  A  Ç  O  N  V  W  F  J  A
Y  M  G  U  P  E  R  I  G  O  S  A  X  C
O  T  F  S  Ç  M  J  G  U  A  L  V  N  G
D  E  T  E  R  M  I  N  A  Ç  Ã  O  N  C
```

ATIVIDADE	EXAUSTÃO
ANIMAIS	DESCONHECIDO
APRENDER	LÍNGUA
CORAGEM	DISTANTE
CULTURAS	NOVO
PERIGOS	BUSCA
DETERMINAÇÃO	SELVAGEM
ESPAÇO	TERRENO
EXCITAÇÃO	VIAGEM

3 - Formes

```
H I P É R B O L E C C P P L
F M P O E R J H T I Í N R I
K P O Y T V S C H L R B I N
X H L H Â R J J L I C U S H
G D Í B N E J F U N U O M A
K Z G N G Ç S P U D L V A Ç
X H O G U R T F R R O A C X
C C N C L J R X E O C L U E
W A O V O S U Z F R E X B L
H X N O X N L G C L A D O I
O P F T T K E C U R V A A P
W N Y A O T A S D H Ç T R S
P I R Â M I D E F T N B C E
Q U A D R A D O J O K Z O F
```

ARCO	ELIPSE
QUADRADO	HIPÉRBOLE
CÍRCULO	LINHA
CANTO	OVAL
CURVA	POLÍGONO
CONE	PRISMA
LADO	PIRÂMIDE
CUBO	RETÂNGULO
CILINDRO	ESFERA

4 - Salle de Bains

```
C V B T A P E T E X F E G W
W C O E S P O N J A A H R B
O F L S E U R W G T F M I B
I M H O X S T O A L H A P J
V W A U T B P V T D M S X U
P T S R V O K E T Z Q S T B
Á G U A Ç D R L L O Ç Ã O A
B A N H O X E N S H Q E X N
C H U V E I R O E Ç O I A H
V S P E R F U M E I Q Y H E
V A P O R Ç Y I V J R M J I
Q B Y R O X H A I E P A A R
X Ã G V P U M C Q O X L F O
D O D V P J Z X R Ç E G J B
```

BANHO
BOLHAS
TESOURA
CHUVEIRO
ÁGUA
ESPONJA
LOÇÃO
ESPELHO

PERFUME
TORNEIRA
SABÃO
TOALHA
XAMPU
TAPETE
BANHEIRO
VAPOR

5 - Adjectifs #1

```
M A G L I N O C E N T E A G
U O C D E S X I E D J Q T E
G P D F Z N A G X N I L R N
A E O E K H T U Ó Y D A A E
M R Z D R E I O T V Ê H E R
B F Ç D J N V A I O N A N O
I E J L A G O P C M T B T S
C I L X F I N O O V I S E O
I T I A R O M Á T I C O P P
O O D D E N O R M E O L E A
S H O N E S T O D E N U S W
O I M P O R T A N T E T A V
J O V E M Ç G B Ç T G O D T
A R T Í S T I C O T Y R O D
```

ABSOLUTO	HONESTO
ATIVO	IDÊNTICO
AMBICIOSO	IMPORTANTE
AROMÁTICO	INOCENTE
ARTÍSTICO	JOVEM
ATRAENTE	LENTO
BELA	PESADO
EXÓTICO	FINO
ENORME	MODERNO
GENEROSO	PERFEITO

6 - Instruments de Musique

```
V  V  R  N  S  B  B  J  T  S  F  Z  P  D
Y  I  G  A  I  T  A  J  R  A  R  Q  E  Q
X  M  O  B  O  É  N  E  O  X  R  M  R  Q
H  A  J  L  U  R  J  R  M  O  Q  S  C  N
V  R  T  M  I  V  O  Ç  P  F  D  Ç  U  B
B  I  R  J  Y  N  V  X  E  O  C  Y  S  J
O  M  O  W  A  W  O  S  T  N  L  Z  S  V
A  B  M  L  E  P  X  P  E  E  A  P  Ã  T
F  A  B  W  Ã  R  Y  W  I  H  R  F  O  T
Z  G  O  N  G  O  P  E  Ç  A  I  A  S  A
B  A  N  D  O  L  I  M  Z  R  N  G  X  M
T  J  E  T  M  X  I  G  P  P  E  O  P  B
P  A  N  D  E  I  R  O  M  A  T  T  H  O
F  L  A  U  T  A  Z  S  W  D  E  E  O  R
```

BANJO	MARIMBA
FAGOTE	PERCUSSÃO
CLARINETE	PIANO
FLAUTA	SAXOFONE
GONGO	TAMBOR
VIOLÃO	PANDEIRO
GAITA	TROMBONE
HARPA	TROMPETE
OBOÉ	VIOLINO
BANDOLIM	

7 - Échecs

```
Z  E  C  A  M  P  E  Ã  O  R  I  S  D  A
J  S  A  C  R  I  F  Í  C  I  O  R  E  P
B  T  E  M  P  O  Q  L  Y  L  M  P  S  R
I  R  A  I  N  H  A  G  I  D  B  Z  A  E
L  A  A  D  I  A  G  O  N  A  L  N  F  N
Ç  T  D  N  O  O  W  C  P  D  K  S  I  D
T  É  P  J  C  P  A  S  S  I  V  O  O  E
O  G  R  V  G  O  N  J  K  R  F  C  S  R
R  I  E  P  Y  N  X  M  O  E  J  O  G  O
N  A  I  P  O  E  T  N  P  G  H  Ç  J  U
E  Y  F  U  S  N  R  I  E  R  A  S  A  E
I  P  C  C  K  T  T  W  Z  A  Q  D  D  Z
O  F  Z  P  R  E  T  O  P  S  W  B  O  W
C  O  N  C  U  R  S  O  S  E  A  L  B  R
```

OPONENTE	PASSIVO
APRENDER	PONTOS
BRANCO	RAINHA
CAMPEÃO	REGRAS
CONCURSO	REI
DESAFIOS	SACRIFÍCIO
DIAGONAL	ESTRATÉGIA
JOGO	TEMPO
JOGADOR	TORNEIO
PRETO	

8 - Herboristerie

```
N F I A R O M Á T I C O M Z
S U Q N Q G A W N Q D V A B
A N I B G X Y F U E E P N F
X C C J A R D I M Y Q B J C
K H F L O R E S A L S A E Ç
T O Q U A L I D A D E L R B
E M Q X I V J B I M Q H I F
S A B O R V A E N E Ç O C A
T O M I L H O N U N N K Ã L
R V E R D E Y É D T B T O E
A Ç A F R Ã O F E A X M E C
G H K W C U L I N Á R I O R
Ã R V O X I H C H D I V K I
O M A N J E R O N A Z I Y M
```

ALHO	LAVANDA
AROMÁTICO	MANJERONA
MANJERICÃO	MENTA
BENÉFICO	SALSA
CULINÁRIO	QUALIDADE
ESTRAGÃO	ALECRIM
FUNCHO	AÇAFRÃO
FLOR	SABOR
INGREDIENTE	TOMILHO
JARDIM	VERDE

9 - Véhicules

```
B O J M E T R Ô B V I G L S
A C A R A V A N A C B Y A U
L Y N A D N C Q R I I O M B
S H G F N W A F C N M X B M
A T A U W S M A O X B W R A
R R D B B J I C V G D H E R
H A A D M J N E Ç I U N T I
Ô N I B U S H Q W V Ã E A N
E S V M A N Ã W R G N O T O
C P J M O T O R O E T L R E
Y O I J D P Á C A R R O A F
H R K R F Ç Ç X F U Q K T K
B T F N H J W T I K O Y O W
W E T P N E U S C K E V R E
```

AVIÃO
BARCO
ÔNIBUS
CAMINHÃO
CARAVANA
BALSA
FOGUETE
METRÔ
MOTOR

TRANSPORTE
PNEUS
JANGADA
LAMBRETA
SUBMARINO
TÁXI
TRATOR
CARRO

10 - Camping

```
F  T  E  N  D  A  S  I  K  C  A  Ç  A  C
L  Q  Q  W  D  W  S  N  W  H  Y  E  A  A
A  D  U  B  L  F  J  S  F  A  R  P  U  N
N  V  I  X  Z  K  W  E  O  P  T  L  G  O
T  H  P  C  G  T  A  T  G  É  D  A  U  A
E  C  A  B  I  N  E  O  O  U  N  G  Y  A
R  L  M  M  O  N  T  A  N  H  A  O  A  U
N  D  E  A  Z  K  A  A  N  I  M  A  I  S
A  P  N  C  X  Y  C  T  S  O  A  G  W  W
A  D  T  A  L  Z  M  Y  U  B  P  Y  Y  Q
F  L  O  R  E  S  T  A  S  R  A  M  M  M
B  Ú  S  S  O  L  A  W  E  B  E  X  Q  A
C  O  R  D  A  U  B  M  G  X  X  Z  Y  Z
A  V  E  N  T  U  R  A  U  N  Z  A  A  F
```

ANIMAIS	FOGO
AVENTURA	FLORESTA
BÚSSOLA	MACA
CABINE	INSETO
CANOA	LAGO
MAPA	LANTERNA
CHAPÉU	LUA
CAÇA	MONTANHA
CORDA	NATUREZA
EQUIPAMENTO	TENDA

11 - Conservation

```
B  P  S  U  S  T  E  N  T  Á  V  E  L  V
A  J  E  C  O  S  S  I  S  T  E  M  A  O
Á  M  B  S  A  Ú  D  E  B  N  C  T  Q  L
G  H  B  A  T  O  R  G  Â  N  I  C  O  U
U  A  D  I  R  I  E  U  L  K  O  C  V  N
A  B  E  K  E  D  C  D  O  D  G  I  E  T
W  I  P  A  C  N  T  I  U  L  A  C  R  Á
R  T  Ç  B  I  A  T  M  D  C  Y  L  D  R
E  A  I  J  C  T  F  A  W  A  A  O  E  I
D  T  X  B  L  U  P  O  L  U  I  Ç  Ã  O
U  F  I  N  A  R  P  N  L  B  N  Q  Ã  P
Z  Q  Ç  P  R  A  V  A  I  U  G  I  S  O
I  J  X  O  P  L  F  C  G  A  T  V  Z  A
R  G  C  L  I  M  A  O  D  I  T  B  C  R
```

VOLUNTÁRIO   NATURAL
CLIMA   ORGÂNICO
CICLO   PESTICIDA
SUSTENTÁVEL   POLUIÇÃO
ÁGUA   RECICLAR
AMBIENTAL   REDUZIR
ECOSSISTEMA   SAÚDE
EDUCAÇÃO   VERDE
HABITAT

12 - Écologie

```
V A R I E D A D E A L C E C
V R F D H A B I T A T L R O
D I V E R S I D A D E I E M
N W H P B E O I A X F M C U
A T Y Â L C C S I I L A U N
T E N M A R I N H O E R I
U R W T V H N A Q B R S S D
R M C A W F Ç T I Y A P O A
A E W N N R Z A A G K É S D
L K Z O F A U N A S W C W E
S O B R E V I V Ê N C I A S
V O L U N T Á R I O S E G K
M O N T A N H A S H Z S Ç V
Ç Z T S U S T E N T Á V E L
```

VOLUNTÁRIOS	PÂNTANO
CLIMA	MARINHO
COMUNIDADES	MONTANHAS
DIVERSIDADE	NATURAL
SUSTENTÁVEL	PLANTAS
ESPÉCIES	RECURSOS
FAUNA	SECA
FLORA	SOBREVIVÊNCIA
HABITAT	VARIEDADE

13 - Astronomie

```
E C P L Q N E B U L O S A O
Y Q M U L W D C C O S M O S
N O U A J W G A L Á X I A O
R A D I A Ç Ã O W I C W S B
V F S N N H F C É U P H Ç S
N X S M Q Ó S Q A H L S D E
M P B E E A C I X T A S E R
A A S T E R Ó I D E N C V V
N Y Ç E J F O H O R E S U A
M G F O G U E T E R T J E T
A S T R O N A U T A A W G Ó
Ç K T O A S T R Ô N O M O R
G L O K U H S O L A R K T I
S U P E R N O V A N V H F O
```

ASTERÓIDE	LUA
ASTRONAUTA	METEORO
ASTRÔNOMO	NEBULOSA
CÉU	OBSERVATÓRIO
COSMOS	PLANETA
ECLIPSE	RADIAÇÃO
EQUINÓCIO	SOLAR
FOGUETE	SUPERNOVA
GALÁXIA	TERRA

14 - Types de Cheveux

```
E M T C R S C B C A C H O S
Y N Y U C U P S R F S Y M C
L V C T C A R E C A Q A A O
T O R A Q V A J E I N C R L
R N N P R E T O G F Z C R O
A D T G E A A S C Y S B O R
N U S U O Q C J K F Q D M I
Ç L R C F Y G O A U S W G S
A A O C I N Z A L V I W R U
D D D B N H Z S K A F D O Y
O O J C O C U R T O D Z S L
S E C O O E P T Z Y R O S X
S A U D Á V E L B M A U O K
L O I R O B R I L H A N T E
```

PRATA	ENCARACOLADO
BRANCO	CINZA
LOIRO	LONGO
CACHOS	MARROM
BRILHANTE	FINO
CARECA	PRETO
COLORI	ONDULADO
CURTO	SAUDÁVEL
SUAVE	SECO
GROSSO	TRANÇADO

15 - Restaurant #1

A	C	C	Q	U	C	F	P	I	C	A	N	T	E
L	O	Q	X	A	P	C	A	I	X	A	O	B	J
E	Z	D	R	I	Y	Q	P	C	C	A	F	É	R
R	I	Q	F	N	I	R	Ç	R	A	C	F	M	E
G	N	B	Q	G	A	R	Ç	O	N	E	T	E	M
I	H	Z	V	R	F	P	L	A	C	A	A	N	O
A	A	O	J	E	J	R	C	A	R	N	E	U	L
G	U	A	R	D	A	N	A	P	O	E	S	K	H
P	Y	D	L	I	V	B	C	N	P	Z	U	V	O
H	V	N	A	E	J	O	K	F	G	R	L	Ç	H
Y	D	H	M	N	P	Ã	O	B	D	O	G	B	X
P	N	I	Q	T	I	G	E	L	A	G	G	P	H
E	K	I	Ç	E	R	E	S	E	R	V	A	U	C
S	F	Y	X	S	O	B	R	E	M	E	S	A	D

ALERGIA
PLACA
TIGELA
CAFÉ
CAIXA
FACA
COZINHA
SOBREMESA
PICANTE

INGREDIENTES
MENU
PÃO
FRANGO
RESERVA
MOLHO
GARÇONETE
GUARDANAPO
CARNE

16 - Mammifères

```
G I R A F A R W C X A T F C
V F J T O T A O V E L H A A
R D W A D R P B A L E I A N
C Ã O W S C O E L H O S T G
A H U H W L S B Y A S C O U
L E Ã O N E A L B C B F U R
U R S O G O L F I N H O R U
C G A T O N M V N K I P O Z
A O L O I L B A J C A B Ç E
V R I Q G T O L C D P P X B
A I J O S V Z C O A U T X R
L L P H T I G R E B C S O A
O A E T J E R D S N O O O D
E L E F A N T E R M C S Z J
```

BALEIA	COELHO
GATO	LEÃO
CAVALO	LOBO
CÃO	OVELHA
COIOTE	URSO
GOLFINHO	RAPOSA
ELEFANTE	MACACO
GIRAFA	TOURO
GORILA	TIGRE
CANGURU	ZEBRA

17 - Sports

```
B M B H A E K I S H H Z G R
I O A L Ó T L K S X Z W A V
C V S W E Q L U H X F P N D
I I Q O U V E Ç F J R H B
C M U G O L F E T E O X A E
L E E Z U H I W I A G X D Q
E N T G E S Q W A T O G O U
T T E Q F S P W P Ê J I R I
A O Á R B I T R O N O N J P
X T D C B L H Á W I G Á V E
B E I S E B O L D S A S W Ç
G I N Á S T I C A I D I E H
A C A M P E O N A T O O G U
F V T R E I N A D O R Y C T
```

ÁRBITRO	GINÁSIO
ATLETA	GINÁSTICA
BEISEBOL	HÓQUEI
BASQUETE	JOGO
CAMPEONATO	JOGADOR
TREINADOR	MOVIMENTO
EQUIPE	ESTÁDIO
GANHADOR	TÊNIS
GOLFE	BICICLETA

18 - Chocolat

```
C  Ç  A  C  A  L  O  R  I  A  S  A  L  D
L  P  I  O  F  M  A  E  E  V  A  R  X  G
I  C  A  C  A  U  E  Ç  Ç  I  B  O  K  H
N  Z  X  O  V  R  T  N  Ú  M  O  M  H  Q
G  C  O  L  O  J  T  F  D  C  R  A  A  C
R  G  Q  X  R  T  W  E  S  O  A  A  J  A
E  D  E  L  I  C  I  O  S  O  I  R  P  R
D  O  A  G  T  F  E  S  E  A  O  N  X  A
I  C  M  H  O  T  P  Ó  I  T  N  A  S  M
E  E  A  X  V  D  R  S  G  G  X  A  I  E
N  Z  R  E  C  E  I  T  A  Q  S  T  L  L
T  G  G  O  S  T  O  E  X  Ó  T  I  C  O
E  N  O  Q  U  A  L  I  D  A  D  E  N  F
Z  A  N  T  I  O  X  I  D  A  N  T  E  Y
```

AMARGO	EXÓTICO
ANTIOXIDANTE	FAVORITO
AROMA	GOSTO
ARTESANAL	INGREDIENTE
AMENDOINS	COCO
CACAU	PÓ
CALORIAS	QUALIDADE
CARAMELO	RECEITA
DELICIOSO	SABOR
DOCE	AÇÚCAR

19 - Mathématiques

```
F  R  A  Ç  Ã  O  E  F  B  L  G  P  D  S
Q  U  A  D  R  A  D  O  E  A  E  O  E  I
P  T  D  I  Â  M  E  T  R  O  O  L  C  M
O  E  R  U  O  V  E  G  P  E  M  Í  I  E
V  X  R  I  P  B  B  S  A  Q  E  G  M  T
M  P  E  Í  Â  A  B  P  R  U  T  O  A  R
Â  O  G  I  M  N  X  A  A  R  N  L  I
N  E  V  Y  E  E  G  M  L  Ç  I  O  E  A
G  N  R  T  Q  R  T  U  E  Ã  A  Q  O  V
U  T  T  L  T  F  U  R  L  O  E  P  N  O
L  E  S  O  M  A  N  T  O  O  H  H  Z  L
O  X  T  K  R  E  T  Â  N  G  U  L  O  U
S  Y  O  A  R  I  T  M  É  T  I  C  A  M
P  A  R  A  L  E  L  O  G  R  A  M  O  E
```

ÂNGULOS
ARITMÉTICA
QUADRADO
DECIMAL
DIÂMETRO
EXPOENTE
EQUAÇÃO
FRAÇÃO
GEOMETRIA
PARALELO

PARALELOGRAMO
PERÍMETRO
POLÍGONO
RAIO
RETÂNGULO
SOMA
SIMETRIA
TRIÂNGULO
VOLUME

20 - Mythologie

```
T M O D E S A S T R E C L K
R O G C R I A Ç Ã O W R A V
O Ç U V I N G A N Ç A E B I
V L E N D A F P R K Q N I M
Ã M R X D M Á G I C O Ç R O
O Q R B J O H E R Ó I A I R
F P E Y C N C E D W S N T
H O I T L S M O R T A L T A
S C R I A T U R A K U B O L
V H O Ç A R Q U É T I P O I
N O P W A O I R L N E W F D
L U W Ç W P C U L T U R A A
R E L Â M P A G O V Y A A D
C I Ú M E S D Z C Y L R P E
```

ARQUÉTIPO	IMORTALIDADE
DESASTRE	CIÚMES
CRIAÇÃO	LABIRINTO
CRIATURA	LENDA
CRENÇAS	MÁGICO
CULTURA	MONSTRO
RELÂMPAGO	MORTAL
FORÇA	TROVÃO
GUERREIRO	VINGANÇA
HERÓI	

21 - Restaurant #2

```
J  K  Z  O  D  I  V  B  E  B  I  D  A  T
J  A  B  M  S  U  K  E  C  S  U  E  E  A
O  X  N  N  N  Y  Á  Q  R  S  I  L  H  G
E  P  E  T  S  E  G  A  R  F  O  I  W  I
E  Ç  L  X  A  N  U  I  B  O  V  C  K  C
T  C  I  G  L  R  A  P  O  L  O  I  Ç  C
F  R  U  T  A  N  C  E  L  E  X  O  J  J
G  N  O  M  D  Z  G  I  O  G  Y  S  A  C
W  A  C  T  A  C  Ç  X  F  U  E  O  L  A
M  V  R  N  C  F  E  E  T  M  U  L  M  D
K  O  F  Ç  B  E  L  Ç  V  E  N  Q  O  E
T  R  G  C  O  L  H  E  R  S  A  L  Ç  I
N  F  X  C  F  M  A  C  A  R  R  Ã  O  R
E  S  P  E  C  I  A  R  I  A  S  O  P  A
```

BEBIDA	BOLO
CADEIRA	GELO
COLHER	LEGUMES
ALMOÇO	MACARRÃO
DELICIOSO	OVO
JANTAR	PEIXE
ÁGUA	SALADA
ESPECIARIAS	SAL
GARFO	GARÇOM
FRUTA	SOPA

22 - Couleurs

```
C T Q A T V E M G O B W D A
B I L E A L C A R M E S I M
R Ç N Q V V H E X Ç C C E V
A S M Z P R E T O H R A R E
N B É X A M A R E L O Z O R
C R E P F U C H S I A U S M
O O M G I O Ç Q E Q Y L A E
S X N F E A J H R Y F C R L
R O E Q Ç Z W D R H C I S H
Q Y I P F L A R A N J A O O
I W G Y M A G E N T A N N X
J S P X N T V E R D E O S N
Ç Ç X F T X K I N E T E K P
I J C M A R R O M R B C P I
```

BEGE	MARROM
BRANCO	PRETO
AZUL	LARANJA
CARMESIM	ROSA
CIANO	VERMELHO
FUCHSIA	SÉPIA
CINZA	VERDE
AMARELO	ROXO
MAGENTA	

23 - Avions

```
A  T  E  R  R  I  S  S  A  G  E  M  K  Ç
T  R  A  H  I  S  T  Ó  R  I  A  C  M  U
M  D  A  L  T  I  T  U  D  E  Ç  Y  É  W
O  E  G  O  T  A  V  E  N  T  U  R  A  U
S  S  P  B  P  U  V  Y  F  M  P  L  P  D
F  C  K  H  H  B  R  S  S  O  T  V  A  I
E  I  N  F  L  A  R  A  X  T  F  R  S  R
R  D  Z  P  I  L  O  T  O  O  N  F  S  E
A  A  L  B  Ç  Ã  G  N  B  R  G  U  A  Ç
Z  H  I  D  R  O  G  Ê  N  I  O  F  G  Ã
G  G  T  R  I  P  U  L  A  Ç  Ã  O  E  O
C  O  M  B  U  S  T  Í  V  E  L  K  I  Q
T  U  R  B  U  L  Ê  N  C  I  A  U  R  Z
C  O  N  S  T  R  U  Ç  Ã  O  A  Q  O  W
```

AR	DIREÇÃO
ALTITUDE	TRIPULAÇÃO
ATMOSFERA	INFLAR
ATERRISSAGEM	ALTURA
AVENTURA	HISTÓRIA
BALÃO	HIDROGÊNIO
COMBUSTÍVEL	MOTOR
CÉU	PASSAGEIRO
CONSTRUÇÃO	PILOTO
DESCIDA	TURBULÊNCIA

24 - Aventure

```
B D Z F P S X E K Ç E C I N
B R B N C R E K T U P H N A
E G A F V Ç E G F M B A C T
L K T V A Z S P U B P N O U
E G S X U B C G A R S C M R
Z E X C U R S Ã O R A E U E
A L E G R I A A C A A N M Z
D I F I C U L D A D E Ç Ç A
K G E N T U S I A S M O Ã A
O P O R T U N I D A D E S O
S U R P R E E N D E N T E C
N A V E G A Ç Ã O T O I O S
A T I V I D A D E B V P C H
J I T I N E R Á R I O Z B W
```

ATIVIDADE	ALEGRIA
BELEZA	NATUREZA
BRAVURA	NAVEGAÇÃO
CHANCE	NOVO
DIFICULDADE	OPORTUNIDADE
ENTUSIASMO	PREPARAÇÃO
EXCURSÃO	SEGURANÇA
INCOMUM	SURPREENDENTE
ITINERÁRIO	

25 - Ville

```
B  I  B  L  I  O  T  E  C  A  F  K  X  S
A  E  R  O  P  O  R  T  O  F  T  B  E  U
F  F  A  R  M  Á  C  I  A  Y  N  I  Q  P
L  M  E  R  C  A  D  O  Q  J  V  Ç  Ç  E
O  S  E  C  I  L  I  V  R  A  R  I  A  R
R  A  U  T  N  C  E  G  Ç  M  B  D  W  M
I  L  Z  R  E  S  T  A  U  R  A  N  T  E
S  Ã  M  E  M  A  N  L  D  C  N  J  E  R
T  O  U  V  A  B  T  E  V  L  C  Ç  S  C
A  E  S  C  O  L  A  R  H  Í  O  A  T  A
I  G  E  K  H  I  Q  I  O  N  K  D  Á  D
O  I  U  L  Ç  O  E  A  T  I  V  P  D  O
K  P  A  D  A  R  I  A  E  C  B  Y  I  R
M  Z  H  B  O  H  B  B  L  A  F  K  O  A
```

AEROPORTO	LIVRARIA
BANCO	MERCADO
BIBLIOTECA	MUSEU
PADARIA	FARMÁCIA
CINEMA	RESTAURANTE
CLÍNICA	SALÃO
ESCOLA	ESTÁDIO
FLORISTA	SUPERMERCADO
GALERIA	TEATRO
HOTEL	

26 - Cuisine

```
W  L  T  G  U  A  R  D  A  N  A  P  O  K
E  S  P  O  N  J  A  E  X  V  A  M  B  X
C  H  A  L  E  I  R  A  C  G  U  J  D  F
F  O  X  H  B  W  A  G  G  E  K  C  P  O
R  O  N  P  G  T  V  R  A  L  I  Ç  D  R
E  N  N  C  G  H  E  E  R  A  J  T  F  N
E  M  C  D  H  Ç  N  L  F  D  A  I  A  O
Z  V  P  P  D  A  T  H  O  E  R  G  C  N
E  L  H  J  I  P  A  A  S  I  M  E  A  Y
R  N  W  A  V  X  L  U  U  R  N  L  S  S
G  Q  J  A  R  R  O  A  R  A  C  A  G  F
E  S  P  E  C  I  A  R  I  A  S  U  Z  H
C  O  L  H  E  R  E  S  D  S  Ç  O  P  Z
P  A  U  Z  I  N  H  O  S  H  N  S  U  S
```

PAUZINHOS	GARFOS
TIGELA	GRELHA
CHALEIRA	CONCHA
FREEZER	JAR
FACAS	RECEITA
JARRO	GELADEIRA
COLHERES	GUARDANAPO
ESPECIARIAS	AVENTAL
ESPONJA	CUPS
FORNO	

27 - Corps Humain

```
M A N D Í B U L A B B D L L
J S O Z C O R A Ç Ã O O I S
P O R E L H A N P E L E C W
Q J E Y Y K V A P G E Z Z A
C A M L O M B R O H S N U P
C A L R H Ã Ç I V E T Y T E
É I B Y L O N Z V F Ô C O S
R T N E L Á B I O S M O R C
E Q T F Ç R O S T O A T N O
B A Ç D A V D O L G O O Ç
R Z Q P E H Z B Q X O V Z O
O V X W D M S A N G U E E J
R V W X O J S H X O C L L C
X G M C O B Q U E I X O O G
```

BOCA	LÁBIOS
CÉREBRO	MÃO
TORNOZELO	MANDÍBULA
PESCOÇO	QUEIXO
COTOVELO	NARIZ
CORAÇÃO	ORELHA
DEDO	PELE
ESTÔMAGO	SANGUE
OMBRO	CABEÇA
JOELHO	ROSTO

28 - Épices

```
C A R D A M O M O A E Z J T
G C A R I L N P C L Y Z P P
Ç E A D D Z D Á O H A N I S
O B N Z Y J S P E O M J X A
Z O F G E J Q R N K A R N B
S L U P I D Ç I T S R B W O
Q A N K I B O C R Ç G L Ç R
D K C F A M R A O P O S A L
A E H K T Q E E O L H U Q K
G E O O B A U N I L H A H B
A Ç A F R Ã O H T H Y R D F
C O M I N H O Ç J A M C E Z
C A N E L A A L C A Ç U Z W
N O Z M O S C A D A X G X S
```

AZEDO	GENGIBRE
ALHO	NOZ-MOSCADA
AMARGO	CEBOLA
ANIS	PÁPRICA
CANELA	PIMENTA
CARDAMOMO	ALCAÇUZ
COENTRO	AÇAFRÃO
COMINHO	SABOR
CARIL	SAL
FUNCHO	BAUNILHA

29 - Science

```
H  I  P  Ó  T  E  S  E  E  Á  V  R  K  A
A  O  B  R  E  V  K  M  X  T  B  Y  Z  S
F  L  K  W  W  T  W  I  P  O  G  H  N  O
T  F  C  A  C  I  X  N  E  M  B  D  A  P
E  Q  F  R  F  D  M  E  R  O  F  A  T  O
V  E  N  Í  H  Y  O  R  I  Ç  Q  D  U  R
O  F  Ó  S  S  I  L  A  Ê  R  V  O  R  G
L  M  S  U  V  I  É  I  N  M  V  S  E  A
U  C  L  I  M  A  C  S  C  É  X  U  Z  N
Ç  L  L  C  B  P  U  A  I  T  H  K  A  I
Ã  G  J  O  Y  A  L  D  A  O  A  H  B  S
O  I  Y  P  G  R  A  V  I  D  A  D  E  M
U  S  C  I  R  U  S  E  M  O  F  C  S  O
W  I  Q  U  Í  M  I  C  O  M  T  N  Q  H
```

ÁTOMO	GRAVIDADE
QUÍMICO	HIPÓTESE
CLIMA	MÉTODO
DADOS	MINERAIS
EXPERIÊNCIA	MOLÉCULAS
EVOLUÇÃO	NATUREZA
FATO	ORGANISMO
FÓSSIL	FÍSICA

30 - Chats

```
I  B  L  N  X  M  S  X  P  J  G  Ç  A  E
L  N  U  R  J  O  Z  E  Ç  P  A  T  A  G
C  E  D  J  K  U  Y  X  L  R  R  C  V  L
A  N  D  E  Q  S  S  B  P  V  R  W  D  V
Ç  G  O  V  P  E  L  E  J  C  A  U  D  A
A  R  R  L  W  E  J  E  N  T  A  G  G  B
D  A  M  W  Z  R  N  L  O  U  C  O  E  Q
O  Ç  I  Y  F  K  X  D  G  Q  G  N  B  M
R  A  R  O  C  I  E  P  E  W  F  U  E  I
A  D  C  U  R  I  O  S  O  N  N  G  B  V
F  O  T  Í  M  I  D  O  W  R  T  E  Q  K
B  R  I  N  C  A  L  H  Ã  O  E  E  G  P
P  E  R  S  O  N  A  L  I  D  A  D  E  L
T  Y  S  W  Ç  M  P  Ç  F  F  T  Z  O  W
```

CAÇADOR	GARRA
CURIOSO	INDEPENDENTE
DORMIR	PATA
ENGRAÇADO	PERSONALIDADE
BRINCALHÃO	CAUDA
FIO	SELVAGEM
LOUCO	MOUSE
PELE	TÍMIDO

31 - Vêtements

```
U  U  T  E  C  I  N  T  O  B  P  S  I  P
Y  E  X  S  H  B  L  U  S  A  I  A  I  G
P  N  N  O  A  L  U  V  A  S  J  P  I  A
X  U  T  P  P  U  R  C  W  H  A  A  F  I
F  U  L  A  É  Y  V  U  J  P  M  T  L  V
M  D  X  S  U  É  T  E  R  N  A  O  E  K
C  Z  D  J  E  A  N  S  S  T  M  Q  N  Q
A  S  G  Z  H  I  Z  Q  C  T  Y  S  Ç  A
S  M  X  M  D  N  R  C  S  A  I  A  O  E
A  V  E  N  T  A  L  A  E  Ç  M  D  X  S
C  O  L  A  R  O  T  L  T  C  V  I  O  K
O  C  R  I  H  J  O  Ç  Y  T  X  C  S  L
M  O  D  A  T  T  J  A  Q  U  E  T  A  A
P  V  U  S  A  N  D  Á  L  I  A  S  A  M
```

PULSEIRA	SAIA
CINTO	CASACO
CHAPÉU	MODA
SAPATO	CALÇA
CAMISA	SUÉTER
BLUSA	PIJAMA
COLAR	VESTIDO
LENÇO	SANDÁLIAS
LUVAS	AVENTAL
JEANS	JAQUETA

32 - Arts Visuels

```
O M Q I A C E R A B J Z W V
A C E Z O A R T I S T A J Z
C R E L H R O G W V U G M B
A I G I Z V H E O B P G C I
N A C I L Ã I N M S E T O C
E T F E L O B R A P R I M A
T I Ç I R A L Á P I S R P V
A V L S L Â J H I N P E O A
V I D Z E M M Q V T E T S L
E D B A X X E I Y U C R I E
R A C C J M B D C R T A Ç T
N D E O M I Ç I C A I T Ã E
I E S T Ê N C I L M V O O C
Z O E S C U L T U R A Z O D
```

ARGILA
ARTISTA
CERÂMICA
CARVÃO
OBRA-PRIMA
CAVALETE
CERA
COMPOSIÇÃO
GIZ
LÁPIS

CRIATIVIDADE
FILME
PINTURA
PERSPECTIVA
ESTÊNCIL
RETRATO
ESCULTURA
CANETA
VERNIZ

33 - Méditation

```
C  N  V  W  S  C  C  A  E  Q  B  W  U  P
K  A  A  W  B  O  O  C  C  Z  O  I  R  E
R  T  L  T  J  B  M  E  L  L  N  O  X  R
E  U  O  M  P  S  P  I  A  A  D  W  Z  S
S  R  K  N  O  E  A  T  R  O  A  W  M  P
P  E  W  F  S  R  I  A  E  P  D  M  E  E
I  Z  Z  P  T  V  X  Ç  Z  A  E  O  N  C
R  A  M  I  U  A  Ã  Ã  A  Z  Ç  V  T  T
A  M  T  D  R  Ç  O  O  W  Y  T  I  A  I
N  I  Ú  E  A  Ã  N  E  N  Q  G  M  L  V
D  H  J  S  N  O  E  M  O  Ç  Õ  E  S  A
O  H  H  Ç  I  Ç  W  S  W  P  N  N  I  Y
B  M  Q  Ç  Y  C  Ã  H  Á  B  I  T  O  S
X  D  P  J  S  G  A  O  J  C  V  O  G  O
```

ACEITAÇÃO	MOVIMENTO
ATENÇÃO	MÚSICA
CALMO	NATUREZA
CLAREZA	OBSERVAÇÃO
COMPAIXÃO	PAZ
EMOÇÕES	PERSPECTIVA
BONDADE	POSTURA
HÁBITOS	RESPIRANDO
MENTAL	

34 - Littérature

```
A C O M P A R A Ç Ã O Y K Y
N T E M A U Z D I Á L O G O
Á G N P T T O E S T I L O C
L J Y O Q O A S M F A K T O
I Y K I V R R C E T N G M N
S G V B V G C R T N A O B C
E O U P O I I I Á A L V L L
R O M A N C E Ç F N O Ç F U
P O É T I C O Ã O E G V C S
P N A R R A D O R D I A T Ã
R O R I T M O V A O A T O O
L I E F I C Ç Ã O T U V O J
W N M M B I O G R A F I A R
Y C Ç A A T R A G É D I A K
```

ANALOGIA	METÁFORA
ANÁLISE	NARRADOR
ANEDOTA	POEMA
AUTOR	POÉTICO
BIOGRAFIA	RIMA
COMPARAÇÃO	ROMANCE
CONCLUSÃO	RITMO
DESCRIÇÃO	ESTILO
DIÁLOGO	TEMA
FICÇÃO	TRAGÉDIA

35 - Nourriture #1

```
L A I H C Y X G F Ç S O P A
Z M X T Ç S P E R A A W D C
W A Ç Ú C A R L M L L L I E
P N D K C L E A M H A Z K N
R J C G F X U W O O D I A O
H E S P I N A F R E A W T U
L R O I V O J S A K L L U R
Q I W Q C A F É N L G C M A
V C M A D C C N G B V E C R
A Ã K Ã V S E A O H P V A M
T O T M O U F B N Y I A R C
L E I T E C J O O E Q D N N
Y W G R M O F J X L L A E T
S F A G F S I K C W A A R Y
```

ALHO
MANJERICÃO
CAFÉ
CANELA
CENOURA
LIMÃO
ESPINAFRE
MORANGO
SUCO
LEITE

NABO
CEBOLA
CEVADA
PERA
SALADA
SAL
SOPA
AÇÚCAR
ATUM
CARNE

36 - Jours et Mois

```
E  F  Y  Q  U  I  N  T  A  F  E  I  R  A
N  V  E  B  U  U  Z  K  G  P  J  O  X  B
H  B  D  V  C  A  G  O  S  T  O  U  D  R
E  J  A  N  E  I  R  O  H  N  M  T  F  I
M  A  R  Ç  O  R  Q  T  H  Y  V  U  Q  L
Ê  E  G  A  N  B  E  D  A  Z  F  B  Y  T
S  E  M  A  N  A  E  I  O  F  L  R  M  E
S  E  T  E  M  B  R  O  R  M  E  O  Y  R
Á  J  U  N  H  O  I  J  O  O  I  I  P  Ç
B  U  H  R  J  M  K  I  K  K  O  N  R  A
A  L  S  E  X  T  A  F  E  I  R  A  G  A
D  H  H  V  M  R  N  O  V  E  M  B  R  O
O  O  S  E  G  U  N  D  A  F  E  I  R  A
C  A  L  E  N  D  Á  R  I  O  V  Z  D  U
```

AGOSTO	TERÇA
ABRIL	MARÇO
CALENDÁRIO	QUARTA-FEIRA
DOMINGO	MÊS
FEVEREIRO	NOVEMBRO
JANEIRO	OUTUBRO
QUINTA-FEIRA	SÁBADO
JULHO	SEMANA
JUNHO	SETEMBRO
SEGUNDA-FEIRA	SEXTA-FEIRA

37 - Championnat

```
Z  D  F  C  C  G  D  K  G  E  M  G  E  P
C  J  I  B  N  X  E  Q  Y  S  P  F  Z  Q
A  A  O  N  U  Z  S  P  H  T  A  R  U  M
M  W  M  G  T  M  E  T  O  R  N  E  I  O
P  N  H  P  O  E  M  P  C  A  C  S  E  T
E  F  S  Q  E  S  P  O  H  T  A  I  S  I
Ã  L  I  G  A  O  E  I  V  É  E  S  P  V
O  X  P  N  L  C  N  V  V  G  Z  T  O  A
C  M  E  D  A  L  H  A  Z  I  B  Ê  R  Ç
J  U  I  Z  X  L  O  A  T  A  J  N  T  Ã
K  K  K  W  O  J  I  W  K  O  L  C  E  O
V  I  T  Ó  R  I  A  S  H  T  S  I  S  G
E  Q  U  I  P  E  L  R  T  N  T  A  B  M
T  R  E  I  N  A  D  O  R  A  J  Ç  Ç  P
```

CAMPEÃO	LIGA
CAMPEONATO	MEDALHA
RESISTÊNCIA	MOTIVAÇÃO
TREINADOR	DESEMPENHO
EQUIPE	ESPORTES
FINALISTA	ESTRATÉGIA
JOGOS	TORNEIO
JUIZ	VITÓRIA

38 - Pirates

```
U C C A V E R N A L A Z N A
M A U E I Q Q K D T E Â A H
P P E R I G O R U B Ç N B X
A I A V E N T U R A Z C D B
P T R I P U L A Ç Ã O O N A
A Ã C P R A I A J P Y R S O
G O Z I O A W M O E D A S U
A R J O C Ç O R S X U V R
I U F F Z A E S P A D A V O
O M W Q W P T A Z A O H I P
T E S O U R O R N E W X L Q
B A N D E I R A I O Z V H T
A H R B Y N X J H Z C Q A K
M A P A I N T T Y Z L Z O H
```

ÂNCORA
AVENTURA
CAPITÃO
MAPA
CICATRIZ
PERIGO
BANDEIRA
ESPADA
TRIPULAÇÃO
CAVERNA

ILHA
LENDA
MAU
OCEANO
OURO
PAPAGAIO
MOEDAS
PRAIA
RUM
TESOURO

39 - Activités

```
C  L  F  Ç  C  C  A  M  I  N  H  A  D  A
R  A  R  T  E  S  A  N  A  T  O  Y  V  L
E  T  C  L  R  I  P  F  Z  D  T  R  W  E
L  I  A  A  Â  N  I  K  Q  I  Z  J  M  N
A  V  B  Z  M  T  A  G  Z  E  I  A  M  D
X  I  J  E  I  E  P  I  N  T  U  R  A  O
A  D  O  R  C  R  R  E  K  I  W  D  R  Ç
M  A  G  I  A  E  A  Z  S  Y  U  I  T  Ç
E  D  O  I  J  S  Z  Z  D  C  B  N  E  I
N  E  S  T  G  S  E  Z  J  B  A  A  O  J
T  C  J  J  M  E  R  P  M  L  W  G  B  I
O  M  W  Q  N  S  H  X  Z  O  R  E  D  Ç
F  O  T  O  G  R  A  F  I  A  A  M  O  E
W  H  A  B  I  L  I  D  A  D  E  Q  E  X
```

ATIVIDADE	LENDO
ARTE	LAZER
ARTESANATO	MAGIA
CERÂMICA	PINTURA
CACA	PESCA
HABILIDADE	FOTOGRAFIA
INTERESSES	PRAZER
JARDINAGEM	CAMINHADA
JOGOS	RELAXAMENTO

40 - Fleurs

```
A A O R Q U Í D E A M Y P M
A J J P A P O U L A I P L A
U P U É L A V A N D A U U R
D E N T E D E L E Ã O B M G
B Ô G A R D Ê N I A S S E A
Ç N I L M J Y N P L U E R R
Ç I R A T A A S A C K T I I
F A A A U H G S N R O S A D
K Q S R L I Y N M L C O J A
B A S J I B Q W Ó I I I V H
U L O S P I U H O L M Z S P
Q Y L D A S Q Q B Á I B S O
U U U T Ç C B I K S F A B P
Ê T R E V O L Í R I O B R Y
```

BUQUÊ	ORQUÍDEA
GARDÊNIA	PAPOULA
HIBISCO	PÉTALA
JASMIM	DENTE-DE-LEÃO
NARCISO	PEÔNIA
LAVANDA	PLUMERIA
LILÁS	ROSA
LÍRIO	GIRASSOL
MAGNÓLIA	TREVO
MARGARIDA	TULIPA

41 - Nourriture #2

```
L  C  C  T  S  L  I  I  K  D  M  K  C  B
N  E  C  J  Q  N  V  Q  K  L  A  K  O  R
P  R  B  S  M  H  P  S  S  P  Ç  P  G  Ó
X  E  P  Ã  O  I  I  Q  C  T  Ã  R  U  C
O  J  U  T  O  M  A  T  E  C  S  E  M  O
F  A  F  U  V  A  R  R  O  Z  C  S  E  L
P  R  X  R  O  K  Z  V  B  P  O  U  L  I
E  D  A  C  T  R  I  G  O  Ç  N  O  S
F  B  A  N  A  N  A  W  G  Z  F  T  W  V
J  S  H  N  G  Q  M  M  I  O  N  O  X  Y
P  E  I  X  E  O  O  A  M  Ê  N  D  O  A
G  O  Z  Z  B  E  R  I  N  G  E  L  A  I
C  H  O  C  O  L  A  T  E  G  A  A  V  P
G  Ç  Ç  E  D  I  G  B  B  N  A  Ç  L  O
```

AMÊNDOA	KIWI
BERINGELA	MANGA
BANANA	OVO
TRIGO	PÃO
BRÓCOLIS	PEIXE
CEREJA	MAÇÃ
AIPO	FRANGO
COGUMELO	UVA
CHOCOLATE	ARROZ
PRESUNTO	TOMATE

42 - Sons

```
Y  G  Ç  C  R  E  P  E  T  I  T  I  V  O
E  Ç  D  O  V  O  Z  E  S  W  W  O  I  Y
V  I  B  R  A  Ç  Ã  O  T  G  W  P  Z  J
T  E  R  O  C  A  M  A  O  Ç  R  I  S  O
O  U  U  R  N  C  O  N  C  E  R  T  O  S
S  T  I  E  S  Q  D  K  F  G  D  A  R  U
S  S  D  S  T  I  W  H  Q  O  E  W  S  S
E  I  O  S  M  H  R  N  E  Ç  C  M  N  S
Z  N  S  O  X  D  J  E  C  H  O  Y  E  U
A  O  O  N  M  K  C  A  N  L  V  I  T  R
A  P  L  A  U  D  I  R  U  E  R  N  X  R
L  T  I  N  E  B  O  A  U  B  S  P  Ç  A
T  Y  O  T  T  M  E  A  N  I  Y  O  Ç  R
O  Ç  A  E  O  D  V  Z  H  O  M  X  Ç  J
```

APLAUDIR	REPETITIVO
RUIDOSO	RESSONANTE
SUSSURRAR	RISO
CORO	APITO
SINO	SIRENES
CONCERTO	TOSSE
ECO	VIBRAÇÃO
ALTO	VOZES
GEMER	

43 - Océan

```
J  M  R  O  Z  P  M  Z  W  L  P  Ç  Ç  T
X  R  W  C  Ç  S  O  S  T  R  A  R  V  T
E  S  P  O  N  J  A  G  O  T  A  D  D  T
Y  B  A  R  C  O  Ç  L  A  L  G  A  S  W
C  A  R  A  N  G  U  E  J  O  N  D  A  S
F  L  W  L  T  A  R  T  A  R  U  G  A  L
M  E  N  G  U  I  A  K  R  E  C  I  F  E
Y  I  T  S  B  C  A  M  A  R  Ã  O  V  P
A  A  Q  L  A  G  O  L  F  I  N  H  O  O
P  T  L  O  R  F  I  M  E  D  U  S  A  L
S  E  U  H  Ã  X  V  B  H  Q  Y  K  Q  V
N  N  I  M  O  S  V  C  U  R  K  O  F  O
J  G  S  X  T  E  M  P  E  S  T  A  D  E
Ç  K  L  W  E  Y  D  D  K  Z  M  T  G  O
```

ALGA	MEDUSA
ENGUIA	PEIXE
BALEIA	POLVO
BARCO	TUBARÃO
CORAL	RECIFE
CARANGUEJO	SAL
CAMARÃO	TEMPESTADE
GOLFINHO	ATUM
ESPONJA	TARTARUGA
OSTRA	ONDAS

44 - Remplir

```
B  O  L  S  O  B  G  U  E  B  J  G  W  B
C  E  S  T  A  B  A  N  D  E  J  A  U  A
N  Z  K  G  N  P  V  C  U  Q  T  R  R  X
P  Y  Y  W  E  I  E  N  I  W  W  R  L  Y
H  Ç  Q  K  W  C  T  V  J  A  S  A  Y  D
N  A  V  I  O  C  A  F  M  Ç  G  F  T  V
E  N  V  E  L  O  P  E  G  Z  U  A  G  Q
T  O  A  C  P  A  C  O  T  E  A  S  I  Ç
Y  K  S  M  B  A  R  R  I  L  A  U  E  I
H  R  O  T  A  G  S  P  S  B  D  F  E  H
U  Ç  M  X  L  P  F  T  C  S  A  M  G  X
J  Z  C  J  D  Ç  T  U  A  A  Y  A  E  Y
U  S  M  S  E  O  Z  B  S  C  I  L  R  I
C  A  I  X  A  T  W  O  H  O  A  A  O  B
```

BARRIL	BANDEJA
BACIA	BOLSO
CAIXA	JAR
GARRAFA	SACO
PASTA	BALDE
ENVELOPE	GAVETA
NAVIO	TUBO
CESTA	MALA
PACOTE	VASO

45 - Ballet

```
Z  B  S  E  E  D  R  D  H  F  H  P  A  P
Z  L  S  H  N  M  Ú  S  I  C  A  J  R  Ú
C  O  M  P  O  S  I  T  O  R  B  B  T  B
C  O  A  J  L  O  A  S  E  I  I  H  Í  L
G  O  O  U  O  L  B  I  U  T  L  Ç  S  I
R  A  R  V  G  O  A  P  O  M  I  M  T  C
A  P  Q  E  E  O  I  O  V  O  D  Ú  I  O
C  L  U  Q  O  Z  L  D  A  T  A  S  C  E
I  A  E  V  K  G  A  E  N  K  D  C  O  S
O  U  S  Q  E  E  R  A  Ç  P  E  U  O  T
S  S  T  I  X  S  I  A  M  A  Z  L  L  I
O  O  R  E  B  T  N  X  F  R  W  O  T  L
T  L  A  I  M  O  A  I  R  I  F  S  W  O
E  X  P  R  E  S  S  I  V  O  A  H  N  K
```

APLAUSO
ARTÍSTICO
BAILARINA
COREOGRAFIA
HABILIDADE
COMPOSITOR
EXPRESSIVO
GESTO
GRACIOSO

MÚSCULOS
MÚSICA
ORQUESTRA
PÚBLICO
ENSAIO
RITMO
SOLO
ESTILO

46 - Fruit

```
I  G  U  O  L  I  M  Ã  O  Y  D  C  A  D
G  O  K  K  U  V  A  A  A  V  B  E  B  A
U  I  J  J  S  Q  Ç  R  M  O  S  R  A  M
A  A  V  N  P  R  Ã  E  K  Ã  U  E  C  A
K  B  M  E  L  Ã  O  L  P  B  O  J  A  S
C  A  H  C  P  Ê  S  S  E  G  O  A  T  C
L  G  F  T  B  A  G  A  R  F  C  B  E  O
C  T  O  A  K  L  A  R  A  N  J  A  G  E
I  J  O  R  B  I  D  X  J  Q  L  C  H  Z
O  S  M  I  Z  A  W  Y  F  P  D  A  A  L
Z  L  A  N  I  F  N  I  L  O  V  X  X  X
M  H  N  A  O  Y  K  A  B  A  F  I  A  A
F  I  G  O  V  V  T  A  N  E  S  M  W  W
F  R  A  M  B  O  E  S  A  A  X  Y  W  T
```

DAMASCO	KIWI
ABACAXI	MANGA
ABACATE	MELÃO
BAGA	NECTARINA
BANANA	LARANJA
CEREJA	MAMÃO
LIMÃO	PÊSSEGO
FIGO	PERA
FRAMBOESA	MAÇÃ
GOIABA	UVA

47 - Technologie

```
A  A  U  J  R  B  C  C  B  Y  T  E  S  A
H  U  N  M  I  L  U  O  D  P  Y  G  J  L
F  A  K  F  R  O  R  M  I  E  Ç  V  S  Ç
D  A  D  O  S  G  S  P  G  S  A  C  F  N
S  M  W  N  F  Z  O  U  I  Q  P  Â  M  A
S  E  M  T  L  L  R  T  T  U  T  M  L  V
O  N  G  E  V  I  C  A  A  I  E  E  H  E
F  S  V  U  I  C  P  D  L  S  M  R  L  G
T  A  V  P  R  B  Ç  O  D  A  C  A  J  A
W  G  Í  O  T  A  A  R  Q  U  I  V  O  D
A  E  R  L  U  I  N  T  E  R  N  E  T  O
R  M  U  N  A  J  P  Ç  V  W  Ç  Ç  U  R
E  X  S  S  L  C  K  O  A  I  A  H  Ç  V
E  S  T  A  T  Í  S  T  I  C  A  S  L  E
```

BLOG	DIGITAL
CÂMERA	BYTES
CURSOR	COMPUTADOR
DADOS	FONTE
TELA	PESQUISA
ARQUIVO	SEGURANÇA
INTERNET	ESTATÍSTICAS
SOFTWARE	VIRTUAL
MENSAGEM	VÍRUS
NAVEGADOR	

48 - Météo

```
A T M O S F E R A T P T T T
E T R O P I C A L Ç H E O B
Y E G O H G N Z G A N M R R
D M E X V M T E Z T E P N I
S P L D Q Ã M J D D V E A S
E E O M E M O N Ç Ã O R D A
C S C L X F C U G Y E A O R
O T L A A U É V W P I T C C
E A I A J R U E J H R U U O
Ç D M V F A D M A M O R V Í
Ç E A Y B C T I N K G A E R
Q E T L T Ã P O X Q A N N I
F M X K F O C A L M O Z T S
Ç J Y J A I V S Q Z M N O U
```

ARCO-ÍRIS   FURACÃO
ATMOSFERA   POLAR
BRISA   SECO
NEVOEIRO   SECA
CALMO   TEMPERATURA
CÉU   TEMPESTADE
CLIMA   TROVÃO
GELO   TORNADO
MONÇÃO   TROPICAL
NUVEM   VENTO

49 - Châteaux

```
P A R E D E R H T D X C P C
F M J S X Y E E O F C A R A
K E N P G N P C I U N V Í T
G S U A Z P O O L N F A N A
P T C D U S F V E I O L C P
R A C A A Z Z M P C R O I U
I R Ç H G L T N A Ó T D P L
N M E S C U D O L R A R E T
C A P X E Ç F B Á N L A T A
E D T É E F Z R C I E G O F
S U S U R Z J E I O Z Ã R Q
A R Y F F I O X O S A O R S
C A H G H C O R O A T U E H
C A V A L E I R O W I X G U
```

ARMADURA
ESCUDO
CATAPULTA
CAVALO
CAVALEIRO
COROA
DRAGÃO
IMPÉRIO
ESPADA
FEUDAL

FORTALEZA
UNICÓRNIO
PAREDE
NOBRE
PALÁCIO
PRÍNCIPE
PRINCESA
REINO
TORRE

50 - Randonnée

```
A U O G Z C R T H M V P N C
C N R T U A S H S E J R A A
A X I E P I J A T T G E T N
M U E M A P A Á G U A P U S
P P N P A B R S V M S A R A
A E T O J I H E P O O R E D
M N A Z F F S L A N L A Z O
E H Ç M X B Z V R T V Ç A B
N A Ã B E T D A Q A N Ã S O
T S O Z K H H G U N I O S T
O C L I M A F E E H V K P A
V O C U M E V M S A F X Y S
B X P L P E D R A S Y J N M
P E S A D O M B Z Ç R K I Ç
```

ANIMAIS
BOTAS
ACAMPAMENTO
MAPA
CLIMA
ÁGUA
PENHASCO
CANSADO
GUIAS
PESADO

TEMPO
MONTANHA
NATUREZA
ORIENTAÇÃO
PARQUES
PEDRAS
PREPARAÇÃO
SELVAGEM
SOL
CUME

51 - Meubles

```
L P G A U C A D E I R A E C
E I Z E L T A P E T E S S A
Ç R H C I M A F P M Ç I T M
Y M G Z H A O I K D T K A A
C I Ç F Y C L F K R M Z N Y
C Ô S U Ç A C B A N C O T S
O Q M T K T O S W D B W E O
L M P O L T R O N A A V Y F
C T E N D H T O F S E S U Á
H W T S V A I V Ç V J O K Z
Ã X V J A Ç N G P Y G V P S
O V F M T T A L M O F A D A
I W L I E E S P E L H O W F
P R A T E L E I R A S U N H
```

BANCO
ESTANTE
MESA
SOFÁ
CADEIRA
CÔMODA
ALMOFADAS
PRATELEIRAS
POLTRONA

FUTON
MACA
CAMA
COLCHÃO
ESPELHO
ALMOFADA
CORTINAS
TAPETE

52 - Art

```
C  D  V  H  Y  E  S  O  I  M  F  H  S  E
R  I  I  O  S  X  C  P  C  A  R  V  I  S
I  N  S  N  Í  P  O  E  S  I  A  Y  M  C
A  S  U  E  M  R  M  S  R  M  S  R  P  U
R  P  A  S  B  E  P  S  H  Â  A  Y  L  L
O  I  L  T  O  S  O  O  L  U  M  I  E  T
R  R  P  O  L  S  S  A  F  O  M  I  S  U
E  A  I  L  O  Ã  I  L  I  U  D  O  C  R
T  D  N  G  I  O  Ç  T  G  R  Q  V  R  A
R  O  T  A  I  J  Ã  S  U  J  E  I  T  O
A  K  U  W  Q  N  O  Z  R  I  M  I  W  R
T  M  R  E  O  A  A  W  A  U  Q  I  S  C
A  L  A  C  O  M  P  L  E  X  O  Z  R  D
R  J  S  S  U  R  R  E  A  L  I  S  M  O
```

CERÂMICA	ORIGINAL
COMPLEXO	PINTURAS
COMPOSIÇÃO	PESSOAL
CRIAR	POESIA
RETRATAR	ESCULTURA
EXPRESSÃO	SIMPLES
FIGURA	SUJEITO
HONESTO	SURREALISMO
HUMOR	SÍMBOLO
INSPIRADO	VISUAL

53 - Nutrition

```
Y  B  K  S  O  B  F  L  X  D  Q  D  F  P
D  I  E  T  A  A  M  A  R  G  O  I  E  R
V  Q  J  C  A  B  W  F  G  S  Q  G  R  O
H  U  G  W  D  T  O  X  I  N  A  E  M  T
C  A  R  B  O  I  D  R  A  T  O  S  E  E
U  L  P  S  L  H  A  S  A  H  D  T  N  Í
V  I  C  M  H  Í  V  P  E  S  O  Ã  T  N
Y  D  K  X  C  J  Q  S  E  N  J  O  A  A
K  A  S  A  Ú  D  E  U  O  T  A  O  Ç  S
P  D  L  O  L  U  N  L  I  T  I  H  Ã  C
T  E  M  I  M  O  L  H  O  D  K  T  O  X
E  Q  U  I  L  I  B  R  A  D  O  S  E  Z
E  S  P  E  C  I  A  R  I  A  S  S  Y  N
S  A  U  D  Á  V  E  L  K  N  F  F  Z  U
```

AMARGO
APETITE
DIETA
DIGESTÃO
ESPECIARIAS
EQUILIBRADO
FERMENTAÇÃO
CARBOIDRATOS
LÍQUIDOS

PESO
PROTEÍNAS
QUALIDADE
SAUDÁVEL
SAÚDE
MOLHO
SABOR
TOXINA

54 - Science Fiction

```
T C H M G F F P U T O P I A
E I E U D U O V L I V R O S
C M X N J T G Q I A Ç I K H
N A T D Á U O B I T N W D L
O G R O R R T D L Ó U E C S
L I E O E I I D U M E C T M
O N M R A S O O S I X K C A
G Á O Á L T J W Ã C P B I H
I R I C I A I B O O L G N R
A I U U S R O B Ô S O I E T
I O Z L T K U A Y C S Y M B
L I P O A L A K N W Ã Ç A R
N F A N T Á S T I C O F D A
K M B Y G A L Á X I A B X C
```

ATÓMICO	LIVROS
CINEMA	MUNDO
EXPLOSÃO	ORÁCULO
EXTREMO	PLANETA
FANTÁSTICO	REALISTA
FOGO	ROBÔS
FUTURISTA	CENÁRIO
GALÁXIA	TECNOLOGIA
ILUSÃO	UTOPIA
IMAGINÁRIO	

55 - Vertus #1

```
N  B  X  Ç  K  U  V  E  P  P  O  L  E  C
N  F  K  V  Z  I  I  N  E  R  K  P  F  O
C  U  R  I  O  S  O  G  L  Á  V  C  I  N
E  D  G  M  A  Ú  M  R  I  Z  I  C  C  F
N  E  E  A  R  T  N  A  M  I  R  W  I  I
C  C  N  G  T  I  Y  Ç  P  C  K  A  E  A
A  I  E  I  Í  L  Y  A  O  O  S  X  N  N
N  S  R  N  S  M  O  D  E  S  T  O  T  T
T  I  O  A  T  W  U  O  M  Á  U  B  E  E
A  V  S  T  I  R  K  Ç  X  B  O  M  V  T
D  O  O  I  C  X  P  A  C  I  E  N  T  E
O  Q  Ç  V  O  O  Ç  S  H  O  O  C  B  V
R  S  V  O  A  P  A  I  X  O  N  A  D  O
I  N  D  E  P  E  N  D  E  N  T  E  O  G
```

ARTÍSTICO	IMAGINATIVO
BOM	INDEPENDENTE
ENCANTADOR	MODESTO
CONFIANTE	APAIXONADO
CURIOSO	PACIENTE
DECISIVO	PRÁTICO
ENGRAÇADO	LIMPO
EFICIENTE	SÁBIO
GENEROSO	ÚTIL

56 - Professions #1

```
G  M  Q  K  O  G  P  Ç  P  J  Ç  E  W  J
E  S  Ú  B  O  M  B  E  I  R  O  M  L  O
M  T  B  S  S  Ç  A  N  A  V  Y  B  Z  A
T  U  S  Ç  I  D  D  C  N  S  H  A  L  L
S  I  W  I  S  C  V  A  I  D  T  I  T  H
E  D  I  T  O  R  O  N  S  A  T  X  R  E
K  R  O  P  W  H  G  A  T  N  C  A  E  I
D  O  U  T  O  R  A  D  A  Ç  S  D  I  R
L  W  C  A  Ç  A  D  O  R  A  R  O  N  O
G  E  Ó  L  O  G  O  R  Y  R  L  R  A  Ç
O  C  R  B  A  N  Q  U  E  I  R  O  D  D
A  S  D  O  A  S  T  R  Ô  N  O  M  O  Q
P  S  I  C  Ó  L  O  G  O  O  L  F  R  Q
E  N  F  E  R  M  E  I  R  A  I  K  B  P
```

EMBAIXADOR	GEÓLOGO
ASTRÔNOMO	ENFERMEIRA
ADVOGADO	DOUTOR
BANQUEIRO	MÚSICO
JOALHEIRO	PIANISTA
CAÇADOR	ENCANADOR
DANÇARINO	BOMBEIRO
TREINADOR	PSICÓLOGO
EDITOR	

57 - Géologie

```
C A V E R N A F M P V P S J
M O Á C I D O Ó I E U Q H O
F U N D I D O S N D L A Ç Y
J P V T Y D G S E R C N B W
E X C Ç I I N I R A Ã U S E
Q Q A A M N G L A L O I Y R
R U M K V H E M I A Z X C O
U X A Y C N Y N S V V G Á S
M G D R P K S C T A S A L Ã
E Ç A P T W E O O E B X C O
P L A T Ô Z R R C R J P I X
Z O N A N F O R A D A N O Y
C R I S T A I S N Q K L S V
E S T A L A C T I T E I E J
```

ÁCIDO
CÁLCIO
CAVERNA
CONTINENTE
CORAL
CAMADA
CRISTAIS
EROSÃO
FUNDIDO
FÓSSIL

GEYSER
LAVA
MINERAIS
PEDRA
PLATÔ
QUARTZO
SAL
ESTALACTITE
VULCÃO
ZONA

58 - Cirque

```
B T E N D A P D A Ç M V S Ç
P A V C Z Z M E C K A F I S
K E L E Ã O A S R P C I K E
M S Q Õ Ç O G F O U A M D L
A P E Y E Ç I I B A C J N E
L E T Ç N S A L A D O C E F
A C I U T B I E T T Q Y C A
B T J H R T I M A R K D D N
A A Y N E T M L E A T O M T
R D H M T Z T Ú H J G E Á E
I O K N E Ç X V S E H P G H
S R L H R O R T N I T B I N
T P A L H A Ç O E L C E C I
A N I M A I S X V A E A O H
```

ACROBATA	MALABARISTA
ANIMAIS	LEÃO
BALÕES	MÁGICO
BILHETE	MAGIA
DOCE	MÚSICA
PALHAÇO	DESFILE
TRAJE	MACACO
ENTRETER	ESPECTADOR
ELEFANTE	TENDA

59 - Jardin

```
B M P J I R J D A V T A V M
U B A N C O Y T N I R R A H
P I L N N S W U C D A B R U
Á M Z F G I O A I E M U A Á
U T I L F U K X N I P S N R
V E B O Q I E E H R O T D V
A R E R H V M I O A L O A O
B R R R Ç L J A R D I M J R
G A R A G E M A C A M R C E
S Ç G L A G O A F G T T L O
I O G R A M A D O Ç F W S N
N X L C A L J V E P O M A R
J W R O D M C E R C A W X R
W B M J K L A P Q Y N F I N
```

ÁRVORE
BANCO
ARBUSTO
CERCA
LAGOA
FLOR
GARAGEM
MACA
GRAMA
JARDIM

PÁ
GRAMADO
VARANDA
ANCINHO
SOLO
TERRAÇO
TRAMPOLIM
MANGUEIRA
POMAR
VIDEIRA

60 - Barbecues

```
F Q Q F W L V N B P F K G S
Ç A Z P I M E N T A L M R Q
D H C K U A R G I F P S E F
C I E A N G Ã F U E V Y L T
Ç E R S S W O F N M O L H O
J O G O S E B R X I E F A M
S F A M Í L I A M P G S L A
G O O X E J A N T A R A M T
Z M F R U T A G I V M L O E
C E B O L A S O J E Ú A Ç S
S A L C R I A N Ç A S D O V
I F V O P F M J L F I A H F
I A O Q U E N T E X C S M K
E X E K X J F C Y A A R W O
```

QUENTE
FACAS
ALMOÇO
JANTAR
CRIANÇAS
VERÃO
FOME
FAMÍLIA
FRUTA
GRELHA

JOGOS
LEGUMES
MÚSICA
CEBOLAS
PIMENTA
FRANGO
SALADAS
MOLHO
SAL
TOMATES

61 - Anniversaire

```
V  S  A  B  E  S  P  E  C  I  A  L  A  C
F  E  X  E  N  V  T  Z  X  R  T  Z  L  E
E  C  L  A  P  R  E  N  D  E  R  L  D  L
L  A  N  A  S  C  E  R  A  Z  T  D  D  E
I  N  L  L  S  A  B  E  D  O  R  I  A  B
Z  Ç  R  E  E  N  O  C  L  S  S  J  T  R
L  Ã  B  G  U  O  L  M  A  M  J  H  E  A
A  O  J  R  Q  D  O  V  J  R  Ç  U  M  Ç
J  O  V  E  M  O  I  T  Y  B  T  O  P  Ã
G  F  A  H  V  M  T  A  R  A  N  Õ  O  O
A  M  I  G  O  S  C  O  N  V  I  T  E  S
J  O  C  A  L  E  N  D  Á  R  I  O  B  S
N  Z  X  S  J  B  T  D  X  V  X  R  G  V
S  L  Z  L  O  R  O  I  W  X  S  B  U  H
```

AMIGOS	FELIZ
ANO	CONVITES
APRENDER	JOVEM
VELAS	DIA
DOM	ALEGRE
CALENDÁRIO	NASCER
CARTÕES	SABEDORIA
CANÇÃO	ESPECIAL
CELEBRAÇÃO	TEMPO
BOLO	

62 - Animaux de Compagnie

```
G  J  H  X  G  A  L  Y  Y  Q  Y  R  T  S
G  C  Ã  O  R  B  N  A  X  T  G  Z  R  Q
A  A  P  L  U  K  I  J  G  R  X  T  A  F
T  B  T  C  O  E  L  H  O  A  X  O  A  Q
I  R  X  O  Ç  T  A  R  T  A  R  U  G  A
N  A  V  L  A  W  G  Q  C  A  K  T  I  P
H  C  G  A  R  R  A  S  Z  U  Ç  G  O  A
O  K  T  R  C  A  C  H  O  R  R  O  U  P
F  C  D  I  T  A  H  K  R  S  T  P  W  A
O  M  F  N  T  B  L  M  O  U  S  E  A  G
J  J  F  H  C  A  U  D  A  X  Y  I  I  A
R  F  B  O  H  A  M  S  T  E  R  X  Q  I
W  Z  P  Á  G  U  A  L  I  U  T  E  G  O
V  E  T  E  R  I  N  Á  R  I  O  F  U  U
```

GATO	COELHO
GATINHO	LAGARTO
CABRA	PAPAGAIO
CÃO	PEIXE
CACHORRO	CAUDA
COLARINHO	MOUSE
ÁGUA	TARTARUGA
GARRAS	VACA
HAMSTER	VETERINÁRIO

63 - Forêt Tropicale

```
R  M  U  S  G  O  V  Q  E  R  D  C  V  P
A  E  S  P  É  C  I  E  S  E  I  O  A  R
N  E  F  P  S  G  M  K  W  S  N  M  L  E
F  T  J  Ú  G  E  T  N  F  P  D  U  I  S
Í  M  R  M  G  T  L  U  F  E  Í  N  O  E
B  A  X  T  M  I  S  V  T  I  G  I  S  R
I  M  H  P  U  F  O  E  A  T  E  D  O  V
O  Í  I  T  G  W  G  N  U  O  N  A  N  A
S  F  N  J  L  K  G  S  Ç  T  A  D  I  Ç
R  E  S  T  A  U  R  A  Ç  Ã  O  E  R  Ã
F  R  E  C  L  I  M  A  M  Q  G  Ç  S  O
Q  O  T  D  I  V  E  R  S  I  D  A  D  E
K  S  O  L  B  E  N  A  T  U  R  E  Z  A
P  Á  S  S  A  R  O  S  B  W  Q  N  V  Ç
```

ANFÍBIOS	MUSGO
CLIMA	NATUREZA
COMUNIDADE	NUVENS
DIVERSIDADE	PÁSSAROS
ESPÉCIES	VALIOSO
INDÍGENA	PRESERVAÇÃO
INSETOS	REFÚGIO
SELVA	RESPEITO
MAMÍFEROS	RESTAURAÇÃO

64 - Insectes

```
C U P I M R L B E S O U R O
B A R A T A F I U R X W L H
F M I N H O C A B H G R A R
M O M Z Z N Y X Z É E H R B
P O R X Ç D H W J B L J V G
U C S M Ç V X D O O C U A A
L I C Q I C I G A R R A L F
G Y Z V U G Y G N B P T Q A
Ã X U E V I A Z I O N C U N
O V W S L L T F N L J H M H
S X Q P N O V O H E L H M O
T J R A B E L H A T N M X T
P U L G A I W J K A Y F T O
L O U V A A D E U S Y J P S
```

ABELHA	MOSQUITO
BARATA	BORBOLETA
CIGARRA	PULGA
JOANINHA	PULGÃO
FORMIGA	GAFANHOTO
VESPA	BESOURO
LARVA	CUPIM
LIBÉLULA	MINHOCA
LOUVA-A-DEUS	

65 - Ferme #1

```
A  Y  T  H  D  C  C  C  F  J  V  Ç  O  Y
G  B  F  Q  Y  E  O  Ã  Q  U  Q  O  L  P
R  L  E  J  V  R  R  O  P  Y  Á  C  B  Q
I  Z  R  L  Q  C  V  G  K  H  G  B  B  A
C  E  T  C  H  A  O  A  N  A  U  R  B  V
U  U  I  F  A  A  Y  T  C  C  A  M  P  O
L  B  L  R  B  B  Y  O  A  A  B  E  H  C
T  U  I  A  E  X  R  R  R  E  A  L  Y  A
U  R  Z  N  Z  S  E  A  R  F  E  N  O  V
R  R  A  G  E  E  B  E  O  T  D  S  H  A
A  O  N  O  R  I  A  O  Z  N  Q  Q  C  L
J  U  T  V  R  T  N  K  Z  N  B  Y  H  O
D  U  E  G  O  D  H  B  I  S  Ã  O  Ç  P
L  O  Z  H  W  O  O  L  H  F  Q  H  U  K
```

ABELHA	CORVO
AGRICULTURA	ÁGUA
BURRO	FERTILIZANTE
BISÃO	FENO
CAMPO	MEL
GATO	FRANGO
CAVALO	ARROZ
CABRA	REBANHO
CÃO	VACA
CERCA	BEZERRO

66 - Escalade

```
E  G  L  E  M  T  C  A  P  A  C  E  T  E
S  Ç  U  M  G  A  U  T  C  C  P  B  E  K
T  M  V  I  A  F  R  M  A  A  X  C  S  V
R  A  A  Ç  A  Í  I  O  M  V  Q  Ç  P  J
E  F  S  N  E  S  O  S  I  E  W  M  E  Ç
I  O  O  A  Z  I  S  F  N  R  I  H  C  V
T  K  T  R  U  C  I  E  H  N  X  B  I  T
O  K  Y  T  Ç  O  D  R  A  A  G  Q  A  E
D  O  X  E  H  A  A  A  D  K  I  S  L  R
X  R  B  U  Q  Q  D  S  A  Y  O  X  I  R
Y  Q  O  G  N  D  E  S  A  F  I  O  S  E
E  S  T  A  B  I  L  I  D  A  D  E  T  N
C  E  A  M  A  P  A  X  P  Y  T  L  A  O
P  I  S  A  L  T  I  T  U  D  E  S  B  W
```

ALTITUDE
ATMOSFERA
BOTAS
MAPA
CAPACETE
CURIOSIDADE
DESAFIOS
ESPECIALISTA
ESTREITO

FORÇA
LUVAS
CAVERNA
GUIAS
FÍSICO
CAMINHADA
ESTABILIDADE
TERRENO

67 - École #2

```
E  C  M  P  C  G  R  A  M  Á  T  I  C  A
S  I  S  A  M  O  E  X  X  V  E  K  Y  P
C  Ê  R  P  T  R  M  A  Ç  B  S  R  O  R
R  N  I  E  K  E  O  P  C  N  O  Z  P  O
I  C  S  L  K  X  M  I  U  K  U  M  D  F
T  I  R  Á  T  N  G  Á  P  T  R  D  I  E
A  A  Y  P  T  K  R  I  T  P  A  O  C  S
L  E  Ô  I  Ç  U  I  T  U  I  J  D  I  S
I  E  N  S  M  C  C  G  J  E  C  N  O  O
V  B  I  B  L  I  O  T  E  C  A  A  N  R
R  E  B  T  J  O  G  O  S  F  C  A  Á  U
O  D  U  H  U  J  N  T  R  D  H  R  R  P
S  V  S  S  M  R  W  Y  L  X  X  Q  I  F
N  O  E  D  U  C  A  Ç  Ã  O  Y  D  O  B
```

BIBLIOTECA	GRAMÁTICA
ÔNIBUS	JOGOS
TESOURA	LEITURA
LÁPIS	LIVROS
DICIONÁRIO	MATEMÁTICA
PROFESSOR	COMPUTADOR
ESCRITA	PAPEL
EDUCAÇÃO	CIÊNCIA

68 - Antarctique

```
L  S  B  I  C  C  M  I  N  E  R  A  I  S
H  E  A  V  J  O  R  O  C  H  O  S  O  T
T  U  L  Z  L  N  N  G  R  Q  O  V  X  Ç
E  A  E  G  C  S  X  T  T  Y  V  B  I  U
M  M  I  N  V  E  S  T  I  G  A  D  O  R
P  B  A  G  E  R  P  P  E  N  G  E  L  O
E  I  S  Z  U  V  Á  E  X  M  E  E  O  G
R  E  I  L  H  A  S  N  P  I  O  N  E  E
A  N  Á  G  F  Ç  S  Í  E  G  G  K  T  L
T  T  B  G  T  Ã  A  N  D  R  R  F  J  E
U  E  O  A  U  O  R  S  I  A  A  J  L  I
R  U  Z  H  Í  A  O  U  Ç  Ç  F  Y  L  R
A  H  Z  P  A  A  S  L  Ã  Ã  I  R  K  A
I  O  J  Y  B  I  R  A  O  O  A  Y  Q  S
```

BAÍA	GELO
BALEIAS	GELEIRAS
INVESTIGADOR	ILHAS
CONSERVAÇÃO	MIGRAÇÃO
CONTINENTE	MINERAIS
ÁGUA	PÁSSAROS
AMBIENTE	PENÍNSULA
EXPEDIÇÃO	ROCHOSO
GEOGRAFIA	TEMPERATURA

69 - Professions #2

```
W  R  Ç  N  G  N  J  P  F  L  I  O  D  I
O  W  K  C  R  J  A  R  I  I  N  C  E  N
X  J  Z  X  Y  M  R  O  L  N  V  I  N  V
X  G  D  P  F  F  D  F  Ó  G  E  R  T  E
M  É  D  I  C  O  I  E  S  U  S  U  I  N
B  Z  E  N  D  T  N  S  O  I  T  R  S  T
I  O  T  T  B  Ó  E  S  F  S  I  G  T  O
Ó  Ó  É  O  U  G  I  O  O  T  G  I  A  R
L  L  T  R  P  R  R  R  J  A  A  Ã  U  C
O  O  I  P  V  A  O  E  N  H  D  O  T  M
G  G  V  V  H  F  Z  P  I  L  O  T  O  D
O  O  E  E  O  O  A  C  Ç  G  R  X  E  W
E  N  G  E  N  H  E  I  R  O  P  F  Q  Ç
I  L  U  S  T  R  A  D  O  R  Ç  F  Z  N
```

BIÓLOGO
INVESTIGADOR
CIRURGIÃO
DENTISTA
DETETIVE
PROFESSOR
ILUSTRADOR
ENGENHEIRO
INVENTOR

JARDINEIRO
LINGUISTA
MÉDICO
PINTOR
FILÓSOFO
FOTÓGRAFO
PILOTO
ZOÓLOGO

70 - Les Abeilles

```
E  B  A  B  V  G  L  Z  J  J  R  M  Q  J
M  L  Z  E  C  O  S  S  I  S  T  E  M  A
H  W  E  Ç  C  E  R  A  T  P  Ç  N  A  R
J  R  T  U  L  Y  W  Ç  N  D  Ó  T  I  D
P  L  A  N  T  A  S  O  L  G  M  L  A  I
A  Z  D  I  V  E  R  S  I  D  A  D  E  M
C  S  B  E  N  É  F  I  C  O  L  T  N  N
O  F  A  N  I  H  G  W  Ç  M  E  L  X  B
L  R  U  S  N  A  A  F  U  M  A  Ç  A  U
M  U  R  H  S  B  F  L  O  R  E  S  M  W
E  T  H  N  E  I  W  O  J  Z  L  A  E  M
I  A  T  W  T  T  A  R  Z  Z  T  I  I  B
A  E  B  O  O  A  H  E  F  L  U  W  L  S
F  N  Y  A  P  T  A  B  Y  C  L  R  D  M
```

ASAS
BENÉFICO
CERA
DIVERSIDADE
ENXAME
ECOSSISTEMA
FLOR
FLORES
FRUTA
FUMAÇA

HABITAT
INSETO
JARDIM
MEL
PLANTAS
PÓLEN
RAINHA
COLMEIA
SOL

71 - Dinosaures

```
H M H Z E V O L U Ç Ã O P P
D T W I W H N M J G G F O R
Z C M G T R Í K Q R P Ó D É
P R E S A B V Ç K A C S E H
R C V I C I O S O N A S R I
A É A M W V R L C D U E O S
S S P R E N O R M E D I S T
M H A T N D A A R S A S O Ó
A I M S I Í E P Z J N O H R
M B R I M L V T E R R A S I
U S L I P W I O N L V U W C
T A M A N H O R R D F H Z O
E S P É C I E S V O H R G C
H E R B Í V O R O U E N B U
```

ASAS
CARNÍVORO
ESPÉCIES
ENORME
EVOLUÇÃO
FÓSSEIS
GRANDE
HERBÍVORO
MAMUTE
ONÍVORO

PRÉ-HISTÓRICO
PRESA
PODEROSO
CAUDA
RAPTOR
RÉPTIL
TAMANHO
TERRA
VICIOSO

72 - Conduite

```
R  C  J  O  F  Y  Ç  T  L  X  J  P  R  L
G  A  O  M  O  T  O  C  I  C  L  E  T  A
S  A  P  M  A  P  A  I  C  J  D  R  R  G
E  I  R  I  B  C  U  P  E  B  W  I  Á  Q
G  T  A  A  D  U  T  Ú  N  E  L  G  F  A
U  J  M  C  G  E  S  N  Ç  V  Ç  O  E  P
R  K  S  I  J  E  Z  T  A  W  Y  E  G  E
A  A  J  D  V  B  M  N  Í  G  F  Q  O  D
N  X  Ç  E  C  A  R  R  O  V  R  Q  U  E
Ç  O  H  N  X  G  W  L  Y  Ç  E  G  Á  S
A  E  S  T  R  A  D  A  I  Ç  I  L  N  T
F  O  E  E  Z  Z  T  L  W  M  O  T  O  R
T  R  A  N  S  P  O  R  T  E  S  S  Z  E
E  O  I  H  P  O  L  Í  C  I  A  G  L  Ç
```

ACIDENTE	PEDESTRE
COMBUSTÍVEL	POLÍCIA
MAPA	ESTRADA
PERIGO	SEGURANÇA
FREIOS	TRÁFEGO
GARAGEM	TRANSPORTE
GÁS	TÚNEL
LICENÇA	RAPIDEZ
MOTOR	CARRO
MOTOCICLETA	

73 - Plantes

```
C C I P É T A L A M U S G O
N A S Q B H E R A A M B P N
Z C J W T D R V B S F H X F
Y T O W P B V I Q U Z U V T
Y O U B B Z A G K Y S L K D
M P G J A R D I M F U T A C
U Z Ç O X M V A Ç O F L O R
F L O R A I B Y G L J Y K E
Á R V O R E R U V H J E F S
G F E R T I L I Z A N T E C
G D E L Ç G R B A G A X I E
B O T Â N I C A D E Q J J R
F L O R E S T A I M U I Ã P
V E G E T A Ç Ã O Z J X O O
```

ÁRVORE	FLORESTA
BAGA	CRESCER
BAMBU	FEIJÃO
BOTÂNICA	ERVA
ARBUSTO	JARDIM
CACTO	HERA
FERTILIZANTE	MUSGO
FOLHAGEM	PÉTALA
FLOR	RAIZ
FLORA	VEGETAÇÃO

74 - Ferme #2

```
C  I  C  I  R  R  I  G  A  Ç  Ã  O  J  H
P  O  M  E  Ç  F  A  X  W  L  H  A  M  A
A  B  L  F  L  C  O  R  D  E  I  R  O  R
S  D  G  M  H  E  L  E  I  T  E  F  E  W
T  T  F  I  E  Z  I  O  V  E  L  H  A  A
O  Ç  W  L  Ç  I  R  R  P  A  T  O  R  M
R  M  D  H  Z  M  A  C  O  T  Y  F  U  S
T  C  P  O  M  A  R  E  T  W  G  F  Q  U
P  R  A  D  O  D  K  V  E  G  E  T  A  L
A  A  A  F  R  U  T  A  T  R  I  G  O  F
M  O  D  T  M  R  B  D  X  Ç  Z  T  I  F
X  I  N  F  O  O  S  A  F  D  Z  L  O  Q
I  Ç  D  A  G  R  I  C  U  L  T  O  R  Y
A  N  I  M  A  I  S  L  A  B  P  S  Q  L
```

CORDEIRO   LHAMA
AGRICULTOR   VEGETAL
ANIMAIS   MILHO
PASTOR   OVELHA
TRIGO   MADURO
PATO   CEVADA
FRUTA   PRADO
CELEIRO   COLMEIA
IRRIGAÇÃO   TRATOR
LEITE   POMAR

75 - École #1

```
C X V Q Y P Q B H Y U N U Q
A U N M M A R C A D O R E S
D Q U E S T I O N Á R I O S
E P N S R N A L F A B E T O
I L A A S R L Á T E K Z G V
R A K P D C M P D I S L Y L
A H K K E E O I P Z K S P I
Ç Q K C Q L Ç S H G C E O V
X B I B L I O T E C A X L R
C A N E T A S Z G Z M A U O
M A T E M Á T I C A I M E S
D R E S P O S T A S G E O U
B U X Ç D N Ú M E R O S H O
A P R E N D E R P A S T A S
```

ALFABETO
AMIGOS
APRENDER
BIBLIOTECA
MESA
CADEIRA
LÁPIS
CANETAS
ALMOÇO
PASTAS

PROFESSOR
EXAMES
LIVROS
MARCADORES
MATEMÁTICA
NÚMEROS
PAPEL
QUESTIONÁRIO
RESPOSTAS

76 - Vacances #2

```
T E N D A M Ç A A Z N Ç L E
R U X W X A R S E F L A Ç R
A X Z E H R E H R C J S A E
N L G Q Q I S W O X O D C S
S N A N Z L T Q P T D O A T
P N N Z Q H A V O V E U M R
O R Y Z E A U I R I S L P A
R P V S Q R R S T A T Ç A N
T M R M E Ç A T O G I H M G
E F V A O M N O L E N D E E
T Á X I I F T H G M O M N I
F O T O S A E M A P A K T R
P A S S A P O R T E O F O O
F E R I A D O R D T G G D I
```

AEROPORTO
ACAMPAMENTO
MAPA
DESTINO
ESTRANGEIRO
HOTEL
ILHA
LAZER
MAR
PASSAPORTE

FOTOS
PRAIA
RESTAURANTE
TÁXI
TENDA
TRANSPORTE
FERIADO
VISTO
VIAGEM

77 - Outils

```
K  P  H  S  H  E  M  R  T  R  O  D  A  G
R  H  Ç  U  J  Q  L  Y  E  O  S  H  Z  R
P  Á  P  Y  Z  I  Z  L  S  J  C  O  L  A
S  M  V  X  I  S  F  S  O  V  C  H  D  M
G  V  P  G  S  T  P  G  U  M  B  A  A  P
F  N  X  L  E  P  Q  R  R  O  Q  L  B  O
F  N  Ç  M  M  E  Y  A  A  T  I  I  Z  O
M  A  C  H  A  D  O  M  A  M  G  C  S  K
A  V  C  O  R  D  A  P  Y  T  U  A  M  O
L  A  O  A  T  P  I  E  F  K  O  T  B  Q
H  L  U  E  E  S  C  A  D  A  F  E  X  K
O  H  Ç  C  L  V  Q  D  A  Q  K  G  I  C
K  A  S  F  O  U  U  O  Q  X  P  T  E  X
W  S  P  I  J  P  A  R  A  F  U  S  O  Q
```

GRAMPO	MALHO
GRAMPEADOR	MARTELO
CABO	PÁ
TESOURA	ALICATE
COLA	NAVALHA
CORDA	RODA
FACA	TOCHA
ESCADA	PARAFUSO
MACHADO	

78 - Temps

```
F O M G D A N T E S A K Y T
U N Y Ç S É C U L O Ç Y H N
T T M J I T C H Z Ç N M Z M
U E I Ê B J J A H O F D Z B
R M N R S G E S D E P O I S
O S U R N H O D M A N H Ã H
E E T B I V V R E L Ó G I O
S M O C A M D D I A H S D R
C A G O R A Y Y O X N L O A
A N U A L N H E D N O O X D
C A L E N D Á R I O I E F N
J G M T V D I Q A D T Z L A
E M B R E V E O O Ç E Y T P
M O C S H W C A Ç Y Ç M Y W
```

ANO	RELÓGIO
ANUAL	DIA
DEPOIS	AGORA
ANTES	MANHÃ
EM BREVE	MEIO-DIA
CALENDÁRIO	MINUTO
DÉCADA	MÊS
FUTURO	NOITE
HORA	SEMANA
ONTEM	SÉCULO

79 - Maison

```
I  C  T  N  H  T  C  O  R  T  I  N  A  S
P  E  H  A  R  K  P  O  R  Ã  O  A  C  E
B  R  E  U  P  A  W  U  Z  E  F  O  E  S
I  C  V  L  V  E  F  E  Y  I  O  M  Z  P
B  A  J  T  T  E  T  O  Y  F  N  D  O  E
L  Q  O  T  L  Y  I  E  A  Q  T  H  L  L
I  J  S  T  Q  U  A  R  T  O  E  J  A  H
O  O  G  O  O  P  D  M  O  N  L  A  R  O
T  J  A  R  D  I  M  H  Y  F  H  N  E  B
E  O  R  V  A  S  S  O  U  R  A  E  I  P
C  R  A  V  V  Y  O  O  F  N  D  L  R  O
A  Y  G  C  I  B  D  S  H  F  O  A  A  R
X  O  E  N  J  W  P  A  R  E  D  E  U  T
X  J  M  C  H  A  V  E  S  Ó  T  Ã  O  A
```

VASSOURA	SÓTÃO
BIBLIOTECA	JARDIM
QUARTO	ESPELHO
LAREIRA	PAREDE
CHAVES	TETO
CERCA	PORTA
COZINHA	CORTINAS
CHUVEIRO	PORÃO
JANELA	TAPETE
GARAGEM	TELHADO

80 - Légumes

```
E  S  H  S  B  R  Ó  C  O  L  I  S  S  S
S  B  O  A  C  H  A  L  O  T  A  L  A  R
P  Ç  V  L  A  Q  L  C  X  Z  P  I  L  E
I  A  U  S  I  H  H  O  Q  V  Q  K  A  P
N  L  B  A  H  V  O  C  G  A  C  U  D  E
A  C  E  B  O  L  A  L  E  C  I  B  A  P
F  A  R  Ç  D  A  O  Q  N  N  E  P  Q  I
R  C  I  B  Q  Z  T  K  G  A  O  D  O  N
E  H  N  Z  R  K  T  K  I  B  E  U  K  O
C  O  G  U  M  E  L  O  B  O  I  J  R  E
T  F  E  A  Z  Z  Z  E  R  V  I  L  H  A
Q  R  L  G  U  K  M  M  E  Ç  Z  C  R  B
I  A  A  C  O  A  B  Ó  B  O  R  A  Q  Y
T  O  M  A  T  E  R  A  B  A  N  E  T  E
```

ALHO	ESPINAFRE
ALCACHOFRA	GENGIBRE
BERINGELA	NABO
BRÓCOLIS	CEBOLA
CENOURA	OLIVA
AIPO	SALSA
COGUMELO	ERVILHA
ABÓBORA	RABANETE
PEPINO	SALADA
CHALOTA	TOMATE

81 - Plage

```
A  N  K  C  S  C  F  T  U  R  O  K  C  K
Z  P  M  A  R  A  C  R  K  D  C  P  N  D
U  I  J  R  D  E  N  Y  J  O  E  G  L  V
L  V  K  A  S  G  C  D  O  C  A  J  V  M
W  Ç  E  N  B  U  M  I  Á  O  N  Ç  Q  C
H  L  A  G  O  A  R  K  F  L  O  X  E  Y
B  C  M  U  X  R  R  A  R  E  I  A  G  T
A  J  K  E  O  D  N  C  B  V  J  A  J  O
P  Y  U  J  N  A  D  K  O  S  R  Y  S  A
A  K  H  O  E  C  N  S  I  L  H  A  S  L
S  O  L  H  G  H  C  O  S  T  A  R  L  H
P  Q  Z  U  K  U  V  Z  Y  V  B  L  C  A
W  M  W  Z  Z  V  E  L  E  I  R  O  J  G
C  L  O  M  C  A  B  K  X  C  O  B  U  E
```

BARCO	OCEANO
AZUL	GUARDA-CHUVA
COSTA	RECIFE
CARANGUEJO	AREIA
DOCA	SANDÁLIAS
ILHA	TOALHA
LAGOA	SOL
MAR	VELEIRO

82 - Famille

```
P  F  M  N  W  Z  E  S  P  O  S  A  V  Ô
T  I  O  Ã  C  T  S  O  B  R  I  N  H  A
I  L  Z  R  E  Y  O  B  H  C  I  R  M  Ã
T  H  I  U  D  O  N  R  G  Q  V  M  N  M
Q  A  V  Ó  S  S  F  I  Q  J  A  Y  O  A
C  R  I  A  N  Ç  A  N  N  K  P  R  R  R
Z  G  U  R  Q  D  Z  H  S  L  T  I  A  I
D  T  M  B  M  R  C  O  P  A  I  Ç  W  D
O  B  Ç  E  A  Ã  P  A  T  E  R  N  O  O
M  A  T  E  R  N  O  T  V  Z  M  C  V  R
Y  A  Z  W  H  I  N  F  Â  N  C  I  A  Z
C  R  I  A  N  Ç  A  S  T  S  Z  L  L  D
J  A  N  T  E  P  A  S  S  A  D  O  W  U
Ç  M  W  L  P  Ç  I  K  V  B  C  R  H  L
```

ANTEPASSADO	MARIDO
PRIMO	MATERNO
INFÂNCIA	MÃE
CRIANÇA	SOBRINHO
CRIANÇAS	SOBRINHA
ESPOSA	TIO
FILHA	PATERNO
IRMÃO	PAI
AVÓ	IRMÃ
AVÔ	TIA

83 - Oiseaux

```
T  L  K  D  D  P  O  M  B  A  Z  G  N  K
U  I  Y  W  U  A  V  E  S  T  R  U  Z  Y
C  C  C  U  F  R  A  N  G  O  Z  C  E  O
A  U  E  R  L  D  X  G  A  R  Ç  A  F  T
N  C  C  G  O  A  O  A  C  I  S  N  E  K
O  O  O  V  O  L  A  N  P  P  A  V  Ã  O
W  J  R  P  D  N  R  S  J  O  I  L  S  F
Q  B  V  E  G  M  H  O  L  R  M  Q  Q  H
K  G  O  L  Z  L  D  A  T  A  A  B  G  Z
D  V  F  I  P  I  N  G  U  I  M  P  O  H
P  N  A  Ç  B  Ç  D  W  Á  G  U  I  A
P  A  P  A  G  A  I  O  F  E  K  N  N  F
D  A  T  N  G  A  I  V  O  T  A  O  W  D
F  L  N  O  P  L  O  I  O  J  Ç  X  N  H
```

ÁGUIA	PARDAL
AVESTRUZ	GAIVOTA
PATO	OVO
CEGONHA	GANSO
POMBA	PAVÃO
CORVO	PAPAGAIO
CUCO	PELICANO
CISNE	POMBO
GARÇA	FRANGO
PINGUIM	TUCANO

84 - Disciplines Scientifiques

```
I  B  B  P  M  E  C  Â  N  I  C  A  Ç  P
M  I  Ç  N  E  U  R  O  L  O  G  I  A  S
U  O  B  O  T  Â  N  I  C  A  S  F  D  I
N  Q  F  G  E  A  N  A  T  O  M  I  A  C
O  U  I  E  O  B  I  O  L  O  G  I  A  O
L  Í  S  O  R  W  E  I  C  S  C  X  D  L
O  M  I  L  O  F  E  C  Z  Q  T  X  F  O
G  I  O  O  L  G  A  D  O  P  G  U  K  G
I  C  L  G  O  L  O  O  F  L  K  M  T  I
A  A  O  I  G  N  L  T  E  Z  O  Y  Ç  A
O  D  G  A  I  L  J  I  P  N  P  G  E  J
R  W  I  N  A  Q  U  Í  M  I  C  A  I  C
M  P  A  A  S  T  R  O  N  O  M  I  A  A
A  R  Q  U  E  O  L  O  G  I  A  D  W  T
```

ANATOMIA   GEOLOGIA
ARQUEOLOGIA   IMUNOLOGIA
ASTRONOMIA   MECÂNICA
BIOQUÍMICA   METEOROLOGIA
BIOLOGIA   NEUROLOGIA
BOTÂNICA   FISIOLOGIA
QUÍMICA   PSICOLOGIA
ECOLOGIA

85 - Émotions

```
A  G  U  G  X  B  T  S  S  E  E  T  G  I
N  T  R  A  N  Q  U  I  L  I  D  A  D  E
I  R  S  A  B  O  N  D  A  D  E  L  P  A
M  E  I  H  T  É  D  I  O  I  O  E  C  P
A  L  M  F  R  O  L  S  Y  O  W  G  O  C
D  A  P  P  I  V  T  X  M  I  M  R  N  T
O  X  A  S  S  A  T  I  S  F  E  I  T  O
L  A  T  Y  T  T  E  M  A  M  F  A  E  M
M  D  I  O  E  X  R  O  S  B  E  P  Ú  X
A  O  A  X  Z  I  N  R  M  T  D  D  D  F
E  M  Q  J  A  F  U  C  A  L  M  O  O  R
L  O  O  W  K  P  R  A  I  V  A  A  F  J
Z  A  V  R  M  P  Á  Z  A  E  C  J  G  Ç
Z  Ç  E  N  V  E  R  G  O  N  H  A  D  O
```

AMOR	ALEGRIA
CALMO	PAZ
RAIVA	MEDO
CONTEÚDO	GRATO
RELAXADO	SATISFEITO
ENVERGONHADO	SIMPATIA
TÉDIO	TERNURA
ANIMADO	TRANQUILIDADE
BONDADE	TRISTEZA

86 - Géographie

```
O R P I A H P K Ç T Q Q W C
C R A S H L D T H G I U S T
E H Í P X N T M U N D O Ç E
A E S O M E R I D I A N O R
N M A R O S I W T I L H A R
O I N D N M O P K U Y X A I
C S O Y T N W C W M D R E T
I F R L A T I T U D E E M Ó
D É T I N G D Z Z O J G A R
A R E O H O E S T E C I P I
D I V B A T O V P P B Ã A O
E O J K D U J J P L U O G E
U F N C O N T I N E N T E D
A T L A S U L R P C D D X Z
```

ALTITUDE
ATLAS
MAPA
CONTINENTE
RIO
HEMISFÉRIO
ILHA
LATITUDE
MAR
MERIDIANO

MUNDO
MONTANHA
NORTE
OCEANO
OESTE
PAÍS
REGIÃO
SUL
TERRITÓRIO
CIDADE

87 - Danse

```
C C R C M C P D S G M E K V
L U I O Ú V U T A J R Z O S
Á L T R S M I L L O E A E A
S T M P I Z D A T D X R Ç H
S U O O C N Ç Y A U P T P A
I R W C A L E G R E R E O C
C A O N Ç S B V L L E A S A
O L W V I Ç P G L R S E T D
I Q P A R C E I R O S N U E
Q S B D Y B X M K E I S R M
M O V I M E N T O U V A A I
V I S U A L Z X F Ç O I C A
T W F Z I D J R X G Ã O Ç I
T R A D I C I O N A L O W D
```

ACADEMIA	MOVIMENTO
ARTE	MÚSICA
CLÁSSICO	PARCEIRO
CORPO	POSTURA
CULTURA	ENSAIO
CULTURAL	RITMO
EXPRESSIVO	SALTAR
EMOÇÃO	TRADICIONAL
GRAÇA	VISUAL
ALEGRE	

88 - Bâtiments

```
T E N D A E M B A I X A D A L
L G A P A R T A M E N T O R
C A S T E L O K Q K M U S U
E R B F Á B R I C A U V U N
L A H O S P I T A L S Ç P I
E G O C R Z Y O R H E C E V
I E E W I A U N P O U A R E
R M S L M N T E V T S B M R
O H T O R R E Ó J E O I E S
F Y Á F P Ç A M R L A N R I
B I D A V A T Z A I G E C D
Z V I W Y Ç R E S C O L A A
H W O S U V O Y Z A J G D D
T O B S E R V A T Ó R I O E
```

EMBAIXADA	LABORATÓRIO
APARTAMENTO	MUSEU
CABINE	OBSERVATÓRIO
CASTELO	ESTÁDIO
CINEMA	SUPERMERCADO
ESCOLA	TENDA
GARAGEM	TEATRO
CELEIRO	TORRE
HOSPITAL	UNIVERSIDADE
HOTEL	FÁBRICA

89 - Pêche

```
G G M B Z K Y C E L T B P N
U B A R C O G O Q X I G A X
X R N Â U W A Z U P B N C O
X B D N O H N I I R R F I O
R S Í Q C B C N P A I D Ê T
G I B U E Z H H A I U H N T
A V U I A I O A M A H U C E
X M L A N G G R E Á M T I M
O Q A S O G P D N R G T A P
F C P X X A S J T W E U U O
D H E X A G E R O E A K A R
T D S S O G X E I S C A H A
G S O E T T V Ô D O K L Q D
Q D A K L A G O W B Y J S A
```

ISCA
BARCO
BRÂNQUIAS
GANCHO
COZINHAR
ÁGUA
EXAGERO
EQUIPAMENTO
FIO

RIO
LAGO
MANDÍBULA
OCEANO
CESTA
PACIÊNCIA
PRAIA
PESO
TEMPORADA

90 - Activités et Loisirs

```
O  V  I  A  G  E  M  D  G  X  A  O  C  N
Q  Y  J  M  N  Z  E  P  E  S  C  A  I  A
J  G  W  I  C  O  R  R  I  D  A  P  H  T
B  A  R  T  E  O  G  I  Y  N  F  T  X  A
A  V  R  Q  M  W  U  T  R  Z  T  F  P  Ç
S  C  O  D  I  T  L  S  J  S  I  U  Z  Ã
Q  A  H  L  I  Ê  H  Ç  F  D  B  T  R  O
U  M  O  M  E  N  O  Ç  A  K  M  E  G  A
E  I  B  X  M  I  A  B  O  X  E  B  O  K
T  N  B  F  P  S  B  G  K  Y  V  O  L  O
E  H  I  O  J  A  D  O  E  V  N  L  F  B
J  A  E  W  Y  C  D  S  L  M  I  B  E  R
B  D  S  U  R  F  E  W  E  M  Z  C  A  Q
G  A  B  E  I  S  E  B  O  L  Ç  G  V  H
```

ARTE	HOBBIES
BEISEBOL	PINTURA
BASQUETE	PESCA
BOXE	MERGULHO
CORRIDA	CAMINHADA
FUTEBOL	SURFE
GOLFE	TÊNIS
JARDINAGEM	VOLEIBOL
NATAÇÃO	VIAGEM

91 - Livres

```
F  E  S  Ç  Ç  A  H  T  R  Á  G  I  C  O
C  D  C  A  T  A  V  U  A  B  M  J  D  N
X  Q  O  R  P  R  N  E  M  X  E  E  U  V
U  H  N  O  G  U  A  F  N  O  Q  M  A  Q
L  F  T  M  Q  H  R  E  M  T  R  E  L  Ç
H  I  E  A  M  I  R  Y  S  L  U  A  I  R
I  N  X  N  U  S  A  C  L  E  G  R  D  J
S  V  T  C  P  T  D  É  P  I  C  O  A  O
T  E  O  E  O  Ó  O  S  Á  T  O  J  D  S
Ó  N  Y  K  E  R  R  R  G  O  L  D  E  É
R  T  X  A  S  I  A  H  I  R  E  J  T  R
I  I  X  Q  I  C  Q  Ç  N  R  Ç  D  X  I
A  V  V  J  A  O  T  O  A  O  Ã  I  J  E
P  O  E  M  A  N  T  R  M  F  O  K  H  I
```

AUTOR	INVENTIVO
AVENTURA	LEITOR
COLEÇÃO	NARRADOR
CONTEXTO	PÁGINA
DUALIDADE	POEMA
ÉPICO	POESIA
HISTÓRIA	ROMANCE
HISTÓRICO	SÉRIE
HUMORADO	TRÁGICO

92 - Pays #2

```
K A X H L J K M P E K T G J
S L L X A L U T É A A Q D C
F A D B Z I P C Ç X K Ç R T
Q O I H Â V T H S J I P W Q
A S H S L N H I H U R C D I
K A K E N H I N I G Ç E O N
L Í B A N O J A M A I C A D
F R A N Ç A H S J N F U M O
S Í R I A L N U A D R C Z N
Ç Q U Ê N I A D P A Ú R A É
U Ç W H K D F Ã Ã V S Â D S
S O M Á L I A O O B S N Ç I
Z I R L A N D A M Ç I I T A
D I N A M A R C A W A A N A
```

ALBÂNIA	LAOS
CHINA	LÍBANO
DINAMARCA	MÉXICO
FRANÇA	UGANDA
HAITI	RÚSSIA
INDONÉSIA	SOMÁLIA
IRLANDA	SUDÃO
JAMAICA	SÍRIA
JAPÃO	UCRÂNIA
QUÊNIA	

93 - Fournitures d'Art

```
T  T  L  W  Q  V  C  O  L  A  O  M  U  A
I  Y  A  Á  A  R  V  A  C  O  R  E  S  C
N  G  Ç  G  P  T  H  H  D  X  M  S  V  R
T  E  I  U  A  I  C  Â  M  E  R  A  M  Í
A  O  B  A  G  N  S  K  X  O  I  M  L  L
R  P  B  A  A  T  X  Ç  Q  S  W  R  C  I
G  N  I  I  D  A  C  A  R  V  Ã  O  A  C
I  E  M  G  O  S  E  B  Q  P  C  P  V  O
L  T  V  F  R  Z  S  Ó  L  E  O  A  A  Ç
A  Q  U  A  R  E  L  A  S  W  N  P  L  C
E  S  C  O  V  A  S  C  K  I  U  E  E  V
C  H  D  R  N  I  H  I  F  R  D  L  T  A
Y  B  H  D  P  A  S  T  E  L  S  Y  E  T
C  R  I  A  T  I  V  I  D  A  D  E  L  D
```

ACRÍLICO	LÁPIS
AQUARELAS	CRIATIVIDADE
ARGILA	ÁGUA
ESCOVAS	TINTA
CÂMERA	APAGADOR
CADEIRA	ÓLEO
CARVÃO	PAPEL
CAVALETE	PASTELS
COLA	TINTAS
CORES	MESA

94 - Jouets

```
A  J  F  A  V  O  R  I  T  O  K  K  I  B
V  P  O  J  R  X  A  D  R  E  Z  N  M  A
I  H  B  G  O  T  I  O  A  Ç  K  H  A  T
Ã  W  S  Y  O  X  E  I  W  P  Y  E  G  E
O  R  P  I  E  S  R  S  C  J  J  K  I  R
S  E  F  S  C  B  O  L  A  G  U  Y  N  I
K  G  A  O  C  A  V  Y  M  N  F  J  A  A
N  R  C  C  A  R  R  O  I  F  A  N  Ç  Z
B  R  A  K  F  C  Q  C  N  M  R  T  Ã  R
O  O  B  S  R  O  Ç  P  H  E  G  I  O  I
Z  B  N  K  M  X  V  P  Ã  P  I  N  G  K
P  Ô  P  E  N  H  I  D  O  P  L  T  D  E
Ç  F  B  I  C  I  C  L  E  T  A  A  G  Ç
U  L  P  I  P  A  L  I  V  R  O  S  U  Ç
```

ARGILA	IMAGINAÇÃO
ARTESANATO	JOGOS
AVIÃO	LIVROS
BOLA	TINTAS
BARCO	BONECA
CAMINHÃO	ROBÔ
PIPA	BATERIA
XADREZ	BICICLETA
FAVORITO	CARRO

95 - Eau

```
U  S  G  W  T  X  G  A  W  C  Ç  A  I  I
M  B  Q  W  Ç  O  I  C  A  N  A  L  W  N
I  F  G  E  A  D  A  P  W  F  V  J  F  U
D  S  U  Ç  R  V  H  P  Q  P  V  G  V  N
A  E  C  R  G  N  E  M  O  N  Ç  Ã  O  D
D  H  O  I  A  H  V  N  N  T  O  V  B  A
E  R  E  O  N  C  K  G  E  E  Á  M  F  Ç
O  C  H  U  V  A  Ã  Ç  V  P  M  V  M  Ã
N  C  V  J  F  G  G  O  E  Z  Y  C  E  O
D  V  E  V  A  P  O  R  A  Ç  Ã  O  U  L
A  A  Z  A  C  H  U  V  E  I  R  O  M  A
S  P  F  F  N  G  E  L  O  U  H  S  V  G
Y  O  E  O  O  O  Z  G  E  Y  S  E  R  O
Y  R  K  M  I  R  R  I  G  A  Ç  Ã  O  K
```

CANAL
CHUVEIRO
EVAPORAÇÃO
RIO
GEADA
GEYSER
GELO
UMIDADE
INUNDAÇÃO
IRRIGAÇÃO

LAGO
MONÇÃO
NEVE
OCEANO
FURACÃO
CHUVA
POTÁVEL
ONDAS
VAPOR

96 - Paysages

```
P V I R T C K B S J R O I B
E A C U H O A H Q C Q Á C V
N L A G O L N V D G C S E U
Í E S G T I S Z E T M I B L
N I C E M N E L S R O S E C
S A A L A A S T E I N L R Ã
U U T E R T T N R O T A G O
L V A I A T U K T N A Ç F O
A H E R Q C Á N O P N T J C
V F Ç A L P R I D Z H X P V
G E Y S E R I J L R A L A N
G K X T B A O T Z H A U J U
Ç U I K K I P Â N T A N O T
E P N A S A E Q P K M Z N U
```

CASCATA
COLINA
DESERTO
ESTUÁRIO
RIO
GEYSER
GELEIRA
CAVERNA
ICEBERG
ILHA

LAGO
PÂNTANO
MAR
MONTANHA
OÁSIS
PENÍNSULA
PRAIA
TUNDRA
VALE
VULCÃO

97 - Nombres

```
J  Q  D  O  I  S  F  O  P  Y  F  S  Q  U
H  Y  S  E  M  E  M  I  Y  Q  P  W  U  Z
D  O  Z  E  Z  T  T  K  D  U  N  F  A  F
D  I  M  Q  I  E  I  S  C  I  R  O  T  Ç
V  T  J  Ç  C  S  S  Y  G  N  T  F  R  A
D  O  M  L  K  D  F  S  F  Z  S  M  O  P
E  I  S  E  T  E  L  E  E  E  V  A  C  T
C  V  H  A  L  Z  Q  U  A  T  O  R  Z  E
I  I  D  E  Z  O  C  J  T  R  E  F  V  Ç
M  N  N  L  T  I  K  I  R  Ê  V  Y  D  V
A  O  I  C  M  T  X  O  E  S  I  S  N  B
L  V  C  V  O  O  D  E  Z  E  N  O  V  E
Q  E  E  L  Z  N  O  C  E  U  T  J  K  I
Z  E  R  O  D  E  Z  E  S  S  E  I  S  A
```

CINCO	QUATORZE
DOIS	QUATRO
DECIMAL	QUINZE
DEZ	DEZESSEIS
DEZOITO	SETE
DEZENOVE	SEIS
DEZESSETE	TREZE
DOZE	TRÊS
OITO	VINTE
NOVE	ZERO

98 - Nature

```
T N Q B V L P A S Z T N W R
G R E W P P H A N I M A I S
E I O V B B W R C S U X S V
L O Ç P O S W D H Í P A O I
E R D O I E R B O F F R K T
I D Z Y M C I H T N O I G A
R D C P X R A R U U L Z C L
A E R O S Ã O L O V H A Á O
H S E R E N O Q T E A B R P
B E L E Z A G W I N G E T O
A R A B R I G O F S E L I N
S T D I N Â M I C O M H C Y
F O S E L V A G E M W A O Q
X F L O R E S T A L I S Ç Ç
```

ABELHAS	RIO
ABRIGO	FLORESTA
ANIMAIS	GELEIRA
ÁRTICO	NUVENS
BELEZA	PACÍFICO
NEVOEIRO	SELVAGEM
DESERTO	SERENO
DINÂMICO	TROPICAL
EROSÃO	VITAL
FOLHAGEM	

99 - Bateaux

```
M B K M L J H N O O T E G A
A A I G X A P L S K R B H M
R L R N M Q G Q C Ç I Ó P U
Z S Q I Á I I O A M P I Q Y
W A M H N U A S N A U A V H
M L Ç S I H T U O S L U E O
O C E A N O E I A T A C L X
T A Q N F W N I C R Ç H E K
O I Y C O R D A R O Ã M I V
R A R I O X G T X O O A R M
W Q H Ç O N D A S M N R O H
V U X K Â N C O R A C É H Y
A E O J J J A N G A D A J Ç
H U R N K Y U E A K V B K J
```

ÂNCORA

BÓIA

CANOA

CORDA

TRIPULAÇÃO

BALSA

RIO

CAIAQUE

LAGO

MARÉ

MARINHEIRO

MASTRO

MAR

MOTOR

NÁUTICO

OCEANO

JANGADA

ONDAS

VELEIRO

IATE

100 - Mesures

```
G  B  K  J  C  E  N  T  Í  M  E  T  R  O
H  R  M  V  O  M  E  T  R  O  P  M  Q  P
U  L  A  T  B  I  F  A  X  M  N  D  T  R
G  M  S  M  T  N  S  U  T  G  J  Ç  O  O
R  O  D  V  A  U  K  V  Y  D  X  Z  A  F
A  N  V  Ç  Q  T  C  N  L  D  D  D  L  U
U  B  J  P  T  O  N  E  L  A  D  A  T  N
Q  U  I  L  O  G  R  A  M  A  W  A  U  D
M  J  Z  P  Q  L  A  R  G  U  R  A  R  I
Q  U  I  L  Ô  M  E  T  R  O  P  T  A  D
D  E  C  I  M  A  L  G  K  E  E  S  B  A
V  O  L  U  M  E  X  M  A  S  S  A  Y  D
K  W  Z  J  Ç  W  B  J  E  D  O  I  T  E
W  T  J  R  M  L  I  T  R  O  A  U  E  T
```

CENTÍMETRO	METRO
GRAU	MINUTO
DECIMAL	BYTE
GRAMA	ONÇA
ALTURA	PESO
QUILOGRAMA	POLEGADA
QUILÔMETRO	PROFUNDIDADE
LARGURA	TONELADA
LITRO	VOLUME
MASSA	

1 - Adjectifs #2

2 - Exploration

3 - Formes

4 - Salle de Bains

5 - Adjectifs #1

6 - Instruments de Musique

7 - Échecs

8 - Herboristerie

9 - Véhicules

10 - Camping

11 - Conservation

12 - Écologie

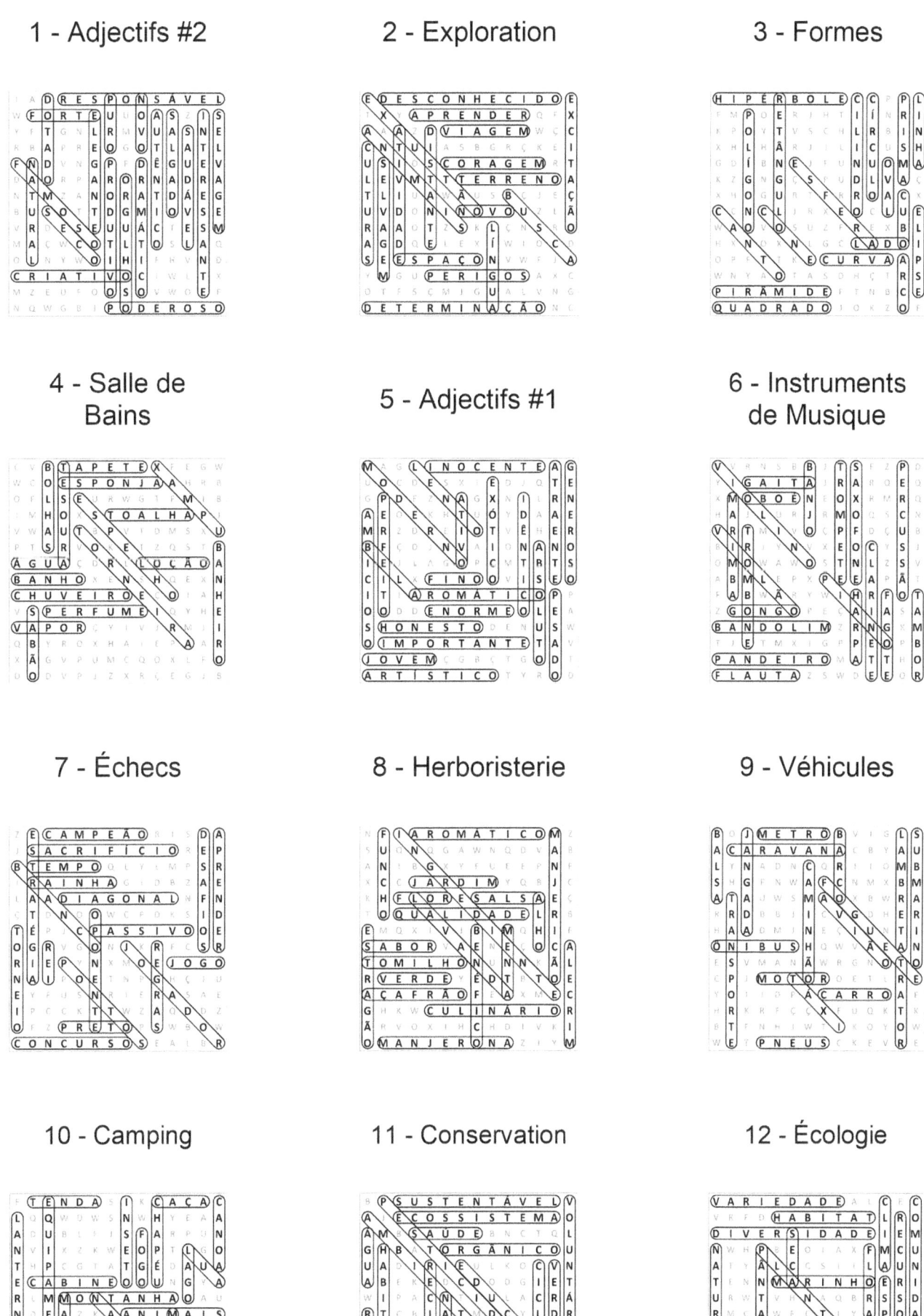

13 - Astronomie

14 - Types de Cheveux

15 - Restaurant #1

16 - Mammifères

17 - Sports

18 - Chocolat

19 - Mathématiques

20 - Mythologie

21 - Restaurant #2

22 - Couleurs

23 - Avions

24 - Aventure

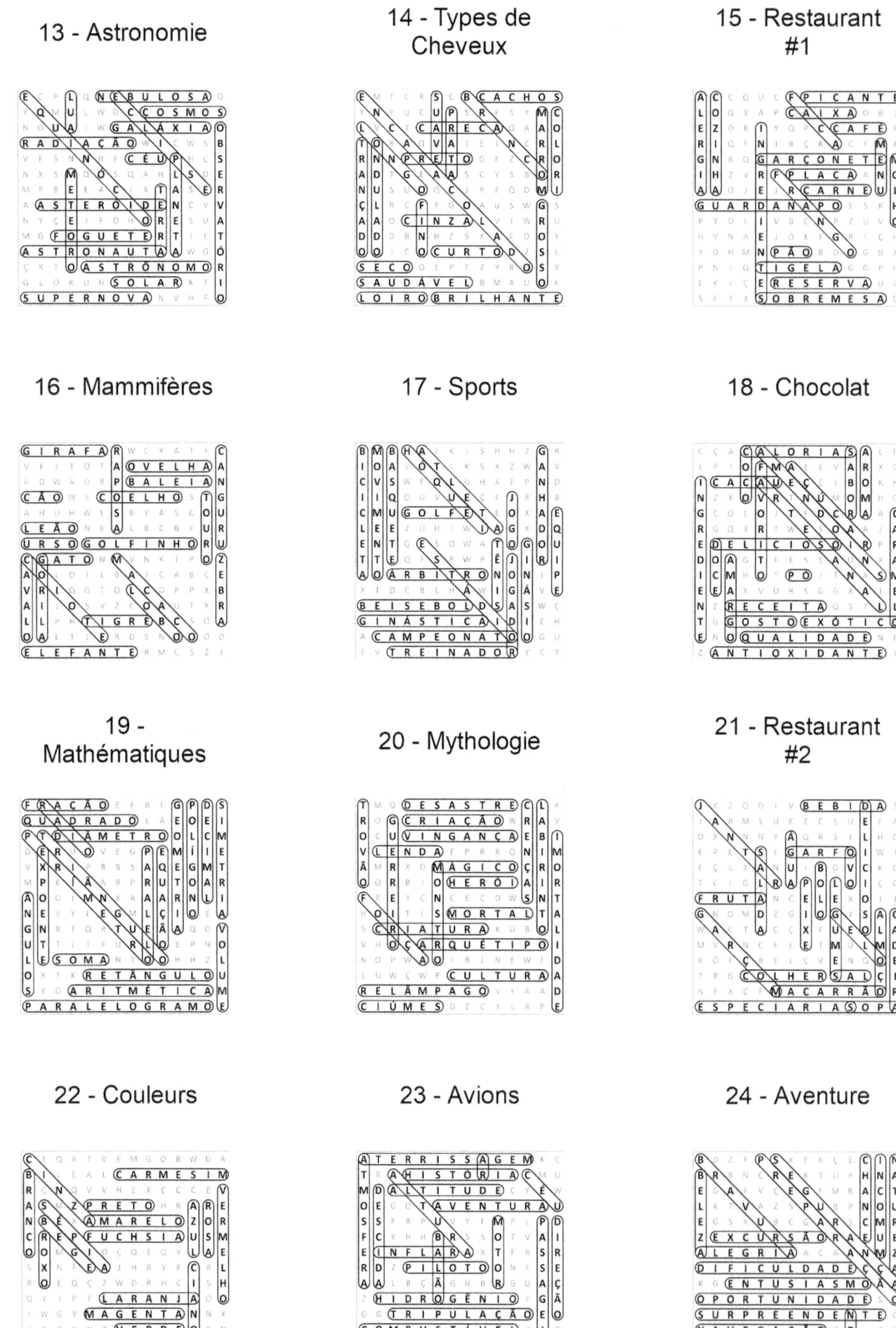

25 - Ville

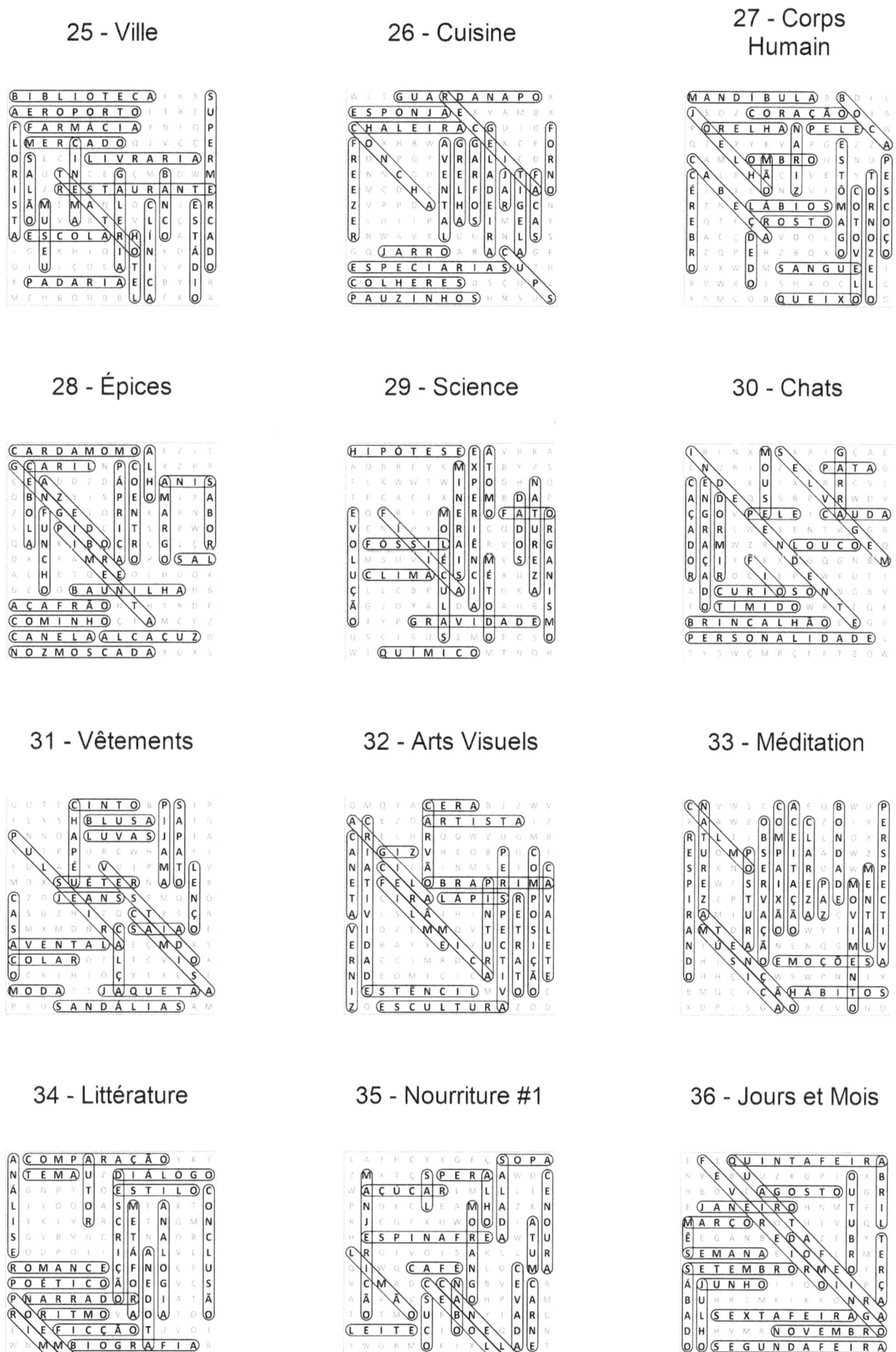

26 - Cuisine

27 - Corps Humain

28 - Épices

29 - Science

30 - Chats

31 - Vêtements

32 - Arts Visuels

33 - Méditation

34 - Littérature

35 - Nourriture #1

36 - Jours et Mois

37 - Championnat

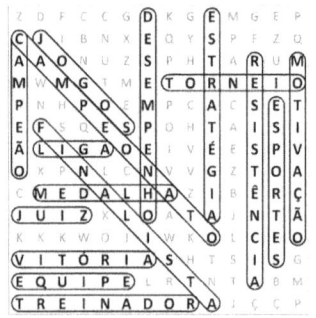

38 - Pirates

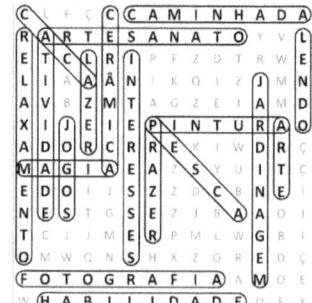

39 - Activités

40 - Fleurs

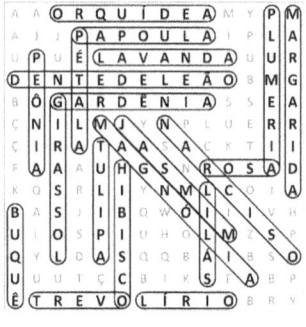

41 - Nourriture #2

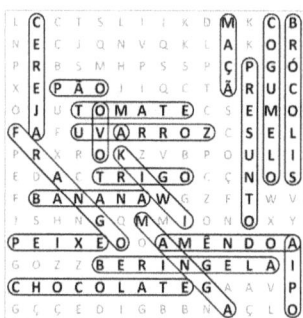

42 - Sons

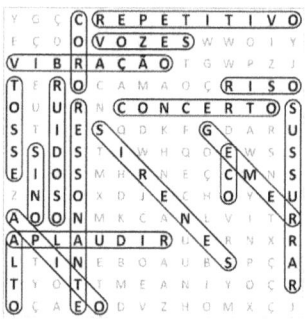

43 - Océan

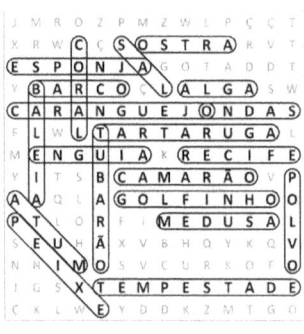

44 - Remplir

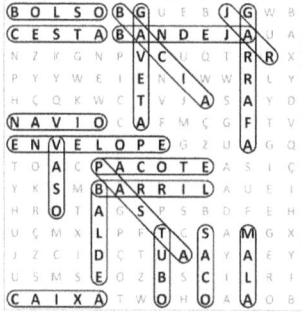

45 - Ballet

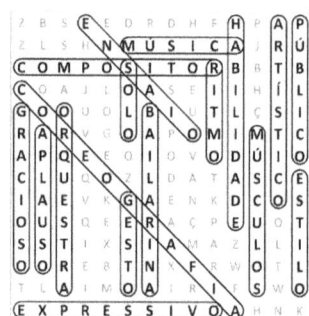

46 - Fruit

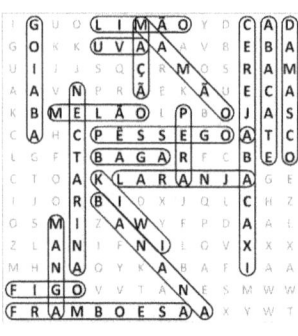

47 - Technologie

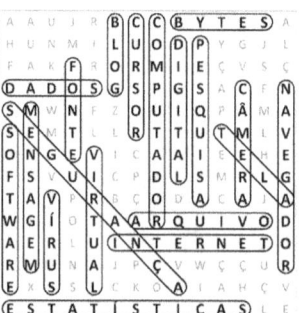

48 - Météo

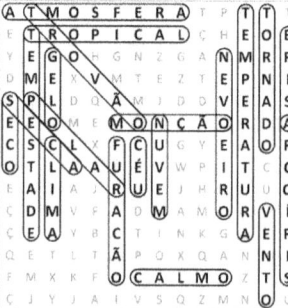

49 - Châteaux

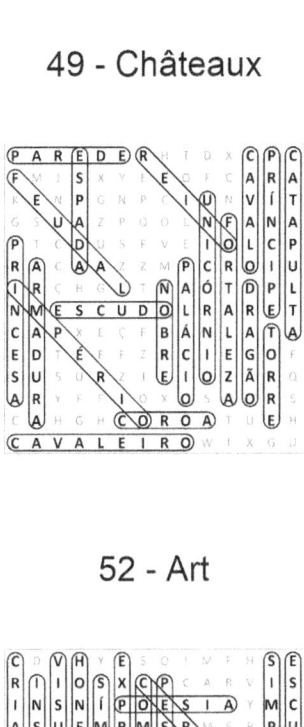

50 - Randonnée

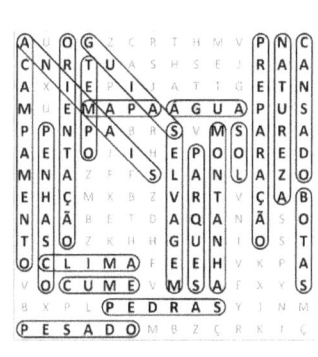

51 - Meubles

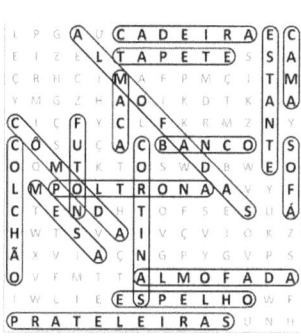

52 - Art

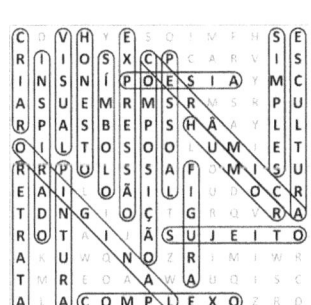

53 - Nutrition

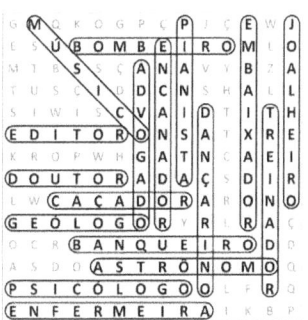

54 - Science Fiction

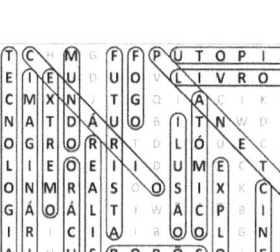

55 - Vertus #1

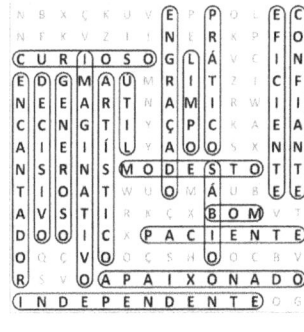

56 - Professions #1

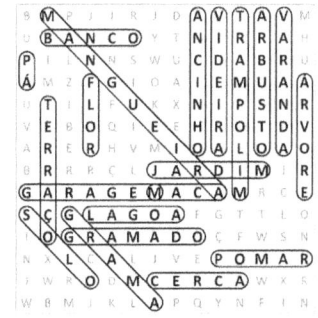

57 - Géologie

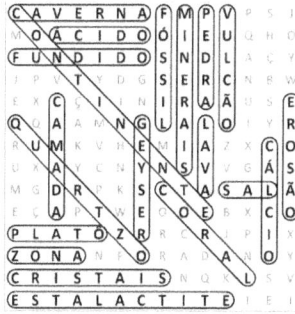

58 - Cirque

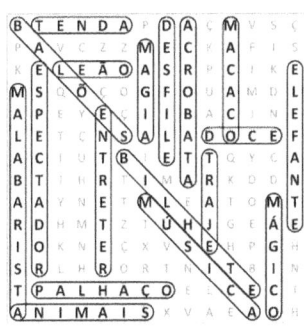

59 - Jardin

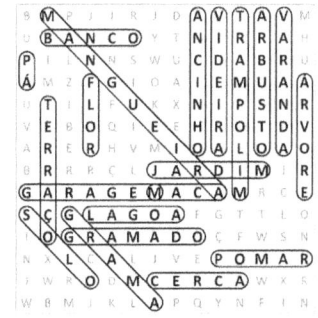

60 - Barbecues

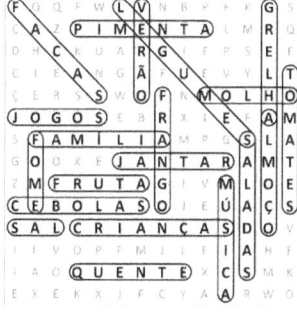

61 - Anniversaire

62 - Animaux de Compagnie

63 - Forêt Tropicale

64 - Insectes

65 - Ferme #1

66 - Escalade

67 - École #2

68 - Antarctique

69 - Professions #2

70 - Les Abeilles

71 - Dinosaures

72 - Conduite

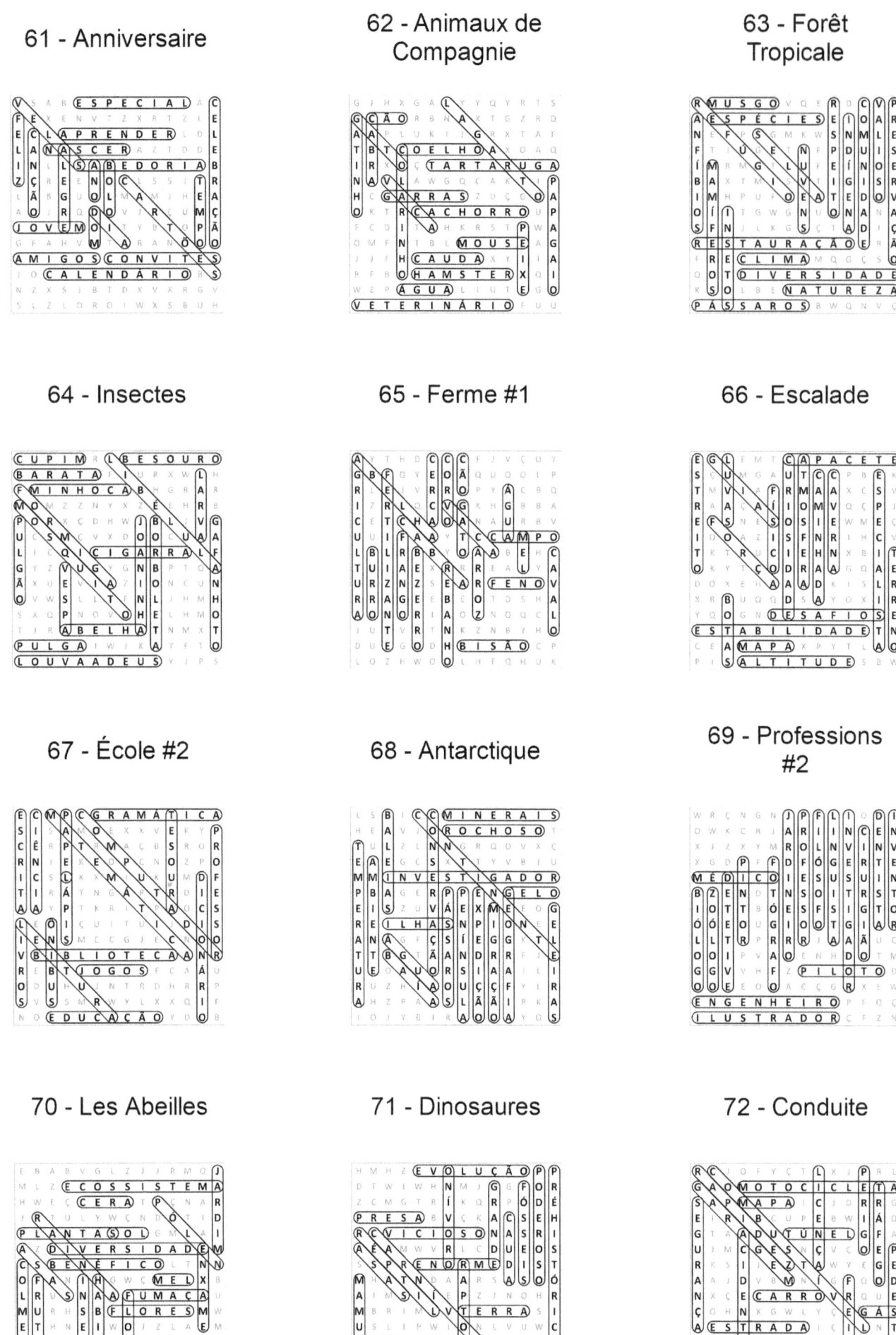

73 - Plantes

74 - Ferme #2

75 - École #1

76 - Vacances #2

77 - Outils

78 - Temps

79 - Maison

80 - Légumes

81 - Plage

82 - Famille

83 - Oiseaux

84 - Disciplines Scientifiques

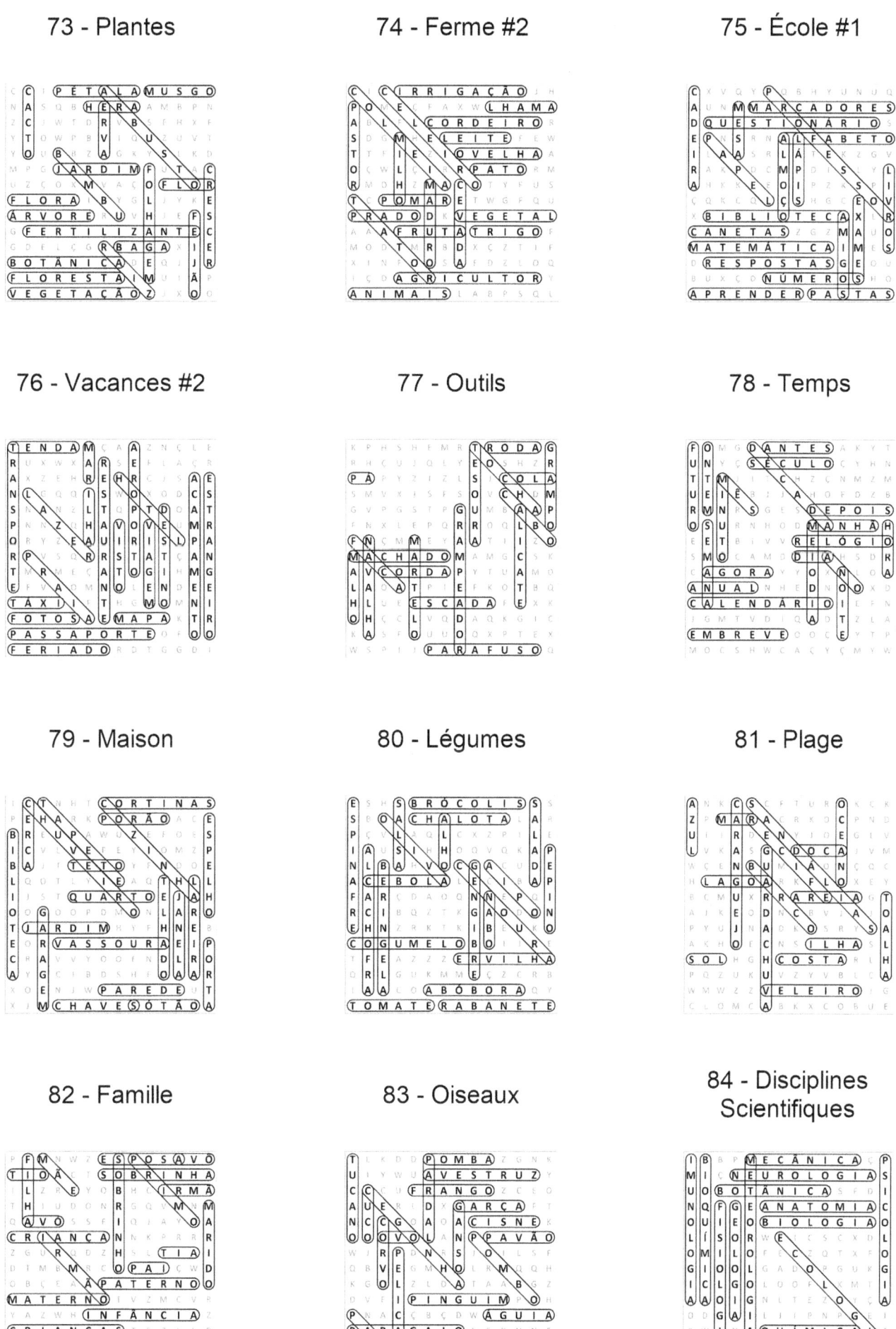

85 - Émotions

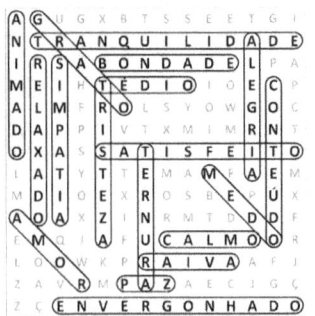

86 - Géographie

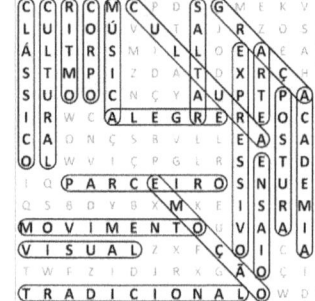

87 - Danse

88 - Bâtiments

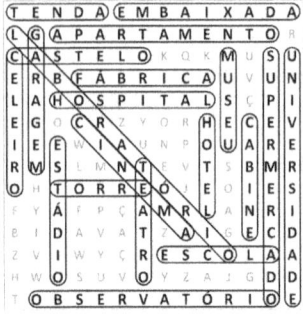

89 - Pêche

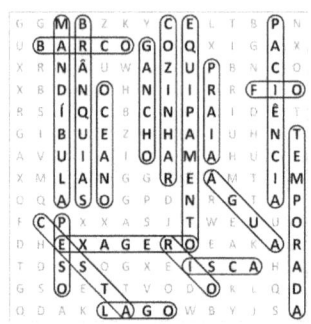

90 - Activités et Loisirs

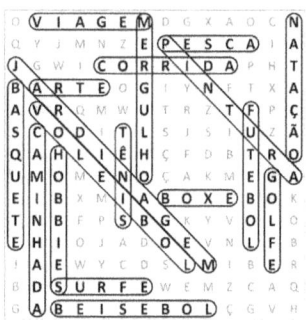

91 - Livres

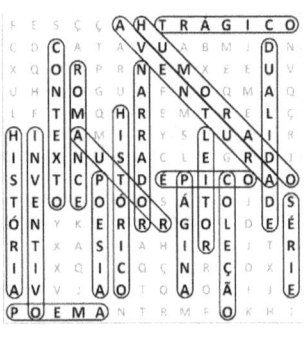

92 - Pays #2

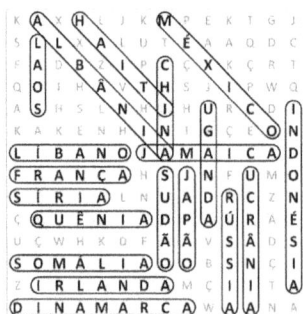

93 - Fournitures d'Art

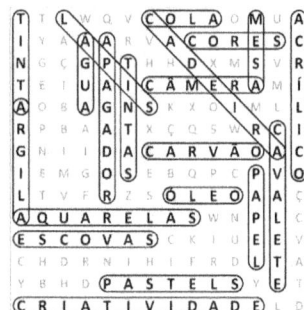

94 - Jouets

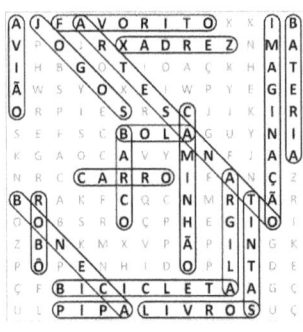

95 - Eau

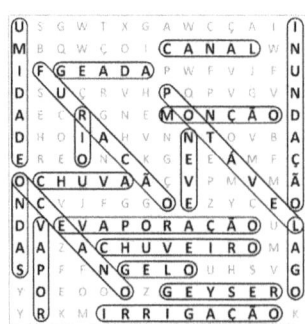

96 - Paysages

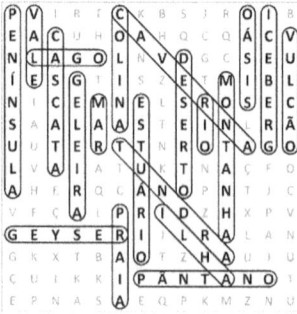

97 - Nombres

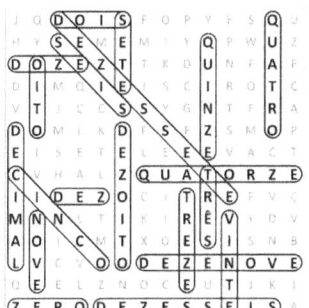

98 - Nature

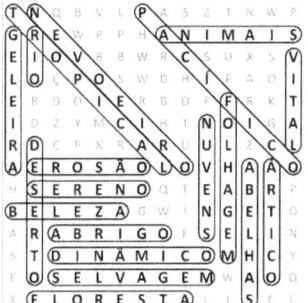

99 - Bateaux

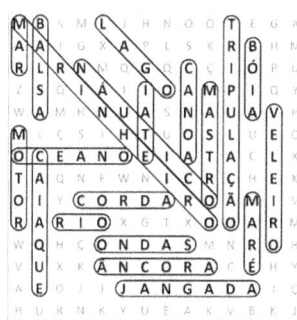

100 - Mesures

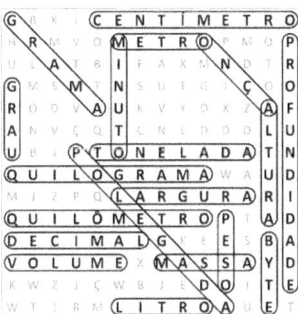

Dictionnaire

Activités
Atividades

Activité	Atividade
Art	Arte
Artisanat	Artesanato
Céramique	Cerâmica
Chasse	Caca
Compétence	Habilidade
Intérêts	Interesses
Jardinage	Jardinagem
Jeux	Jogos
Lecture	Lendo
Loisir	Lazer
Magie	Magia
Peinture	Pintura
Pêche	Pesca
Photographie	Fotografia
Plaisir	Prazer
Randonnée	Caminhada
Relaxation	Relaxamento

Activités et Loisirs
Atividades e Lazer

Art	Arte
Base-Ball	Beisebol
Basket-Ball	Basquete
Boxe	Boxe
Camping	Acampamento
Course	Corrida
Football	Futebol
Golf	Golfe
Jardinage	Jardinagem
Nager	Natação
Passe-Temps	Hobbies
Peinture	Pintura
Pêche	Pesca
Plongée	Mergulho
Randonnée	Caminhada
Relaxant	Relaxante
Surf	Surfe
Tennis	Tênis
Volley-Ball	Voleibol
Voyage	Viagem

Adjectifs #1
Adjetivos #1

Absolu	Absoluto
Actif	Ativo
Ambitieux	Ambicioso
Aromatique	Aromático
Artistique	Artístico
Attractif	Atraente
Beau	Bela
Exotique	Exótico
Énorme	Enorme
Généreux	Generoso
Honnête	Honesto
Identique	Idêntico
Important	Importante
Innocent	Inocente
Jeune	Jovem
Lent	Lento
Lourd	Pesado
Mince	Fino
Moderne	Moderno
Parfait	Perfeito

Adjectifs #2
Adjetivos #2

Authentique	Autêntico
Célèbre	Famoso
Créatif	Criativo
Descriptif	Descritivo
Doué	Dotado
Dramatique	Dramático
Élégant	Elegante
Fier	Orgulhoso
Fort	Forte
Intéressant	Interessante
Naturel	Natural
Nouveau	Novo
Productif	Produtivo
Puissant	Poderoso
Pur	Puro
Responsable	Responsável
Sain	Saudável
Salé	Salgado
Sauvage	Selvagem
Sec	Seco

Animaux de Compagnie
Animais de Estimação

Chat	Gato
Chaton	Gatinho
Chèvre	Cabra
Chien	Cão
Chiot	Cachorro
Collier	Colarinho
Eau	Água
Griffes	Garras
Hamster	Hamster
Lapin	Coelho
Lézard	Lagarto
Perroquet	Papagaio
Poisson	Peixe
Queue	Cauda
Souris	Mouse
Tortue	Tartaruga
Vache	Vaca
Vétérinaire	Veterinário

Anniversaire
Aniversário

Amis	Amigos
Année	Ano
Apprendre	Aprender
Bougies	Velas
Cadeau	Dom
Calendrier	Calendário
Cartes	Cartões
Chanson	Canção
Fête	Celebração
Gâteau	Bolo
Heureux	Feliz
Invitations	Convites
Jeune	Jovem
Jour	Dia
Joyeux	Alegre
Né	Nascer
Sagesse	Sabedoria
Spécial	Especial
Temps	Tempo

Antarctique
Antártica

Baie	Baía
Baleines	Baleias
Chercheur	Investigador
Conservation	Conservação
Continent	Continente
Eau	Água
Environnement	Ambiente
Expédition	Expedição
Géographie	Geografia
Glace	Gelo
Glaciers	Geleiras
Îles	Ilhas
Migration	Migração
Minéraux	Minerais
Oiseaux	Pássaros
Péninsule	Península
Rocheux	Rochoso
Scientifique	Científico
Température	Temperatura
Topographie	Topografia

Art
Arte

Céramique	Cerâmica
Complexe	Complexo
Composition	Composição
Créer	Criar
Dépeindre	Retratar
Expression	Expressão
Figure	Figura
Honnête	Honesto
Humeur	Humor
Inspiré	Inspirado
Original	Original
Peintures	Pinturas
Personnel	Pessoal
Poésie	Poesia
Sculpture	Escultura
Simple	Simples
Sujet	Sujeito
Surréalisme	Surrealismo
Symbole	Símbolo
Visuel	Visual

Arts Visuels
Artes Visuais

Architecture	Arquitetura
Argile	Argila
Artiste	Artista
Céramique	Cerâmica
Charbon	Carvão
Chef-D'Œuvre	Obra-Prima
Chevalet	Cavalete
Cire	Cera
Composition	Composição
Craie	Giz
Crayon	Lápis
Créativité	Criatividade
Film	Filme
Peinture	Pintura
Perspective	Perspectiva
Pochoir	Estêncil
Portrait	Retrato
Sculpture	Escultura
Stylo	Caneta
Vernis	Verniz

Astronomie
Astronomia

Astéroïde	Asteróide
Astronaute	Astronauta
Astronome	Astrônomo
Ciel	Céu
Constellation	Constelação
Cosmos	Cosmos
Éclipse	Eclipse
Équinoxe	Equinócio
Fusée	Foguete
Galaxie	Galáxia
Lune	Lua
Météore	Meteoro
Nébuleuse	Nebulosa
Observatoire	Observatório
Planète	Planeta
Radiation	Radiação
Solaire	Solar
Supernova	Supernova
Terre	Terra
Univers	Universo

Aventure
Aventura

Activité	Atividade
Beauté	Beleza
Bravoure	Bravura
Chance	Chance
Dangereux	Perigoso
Destination	Destino
Difficulté	Dificuldade
Enthousiasme	Entusiasmo
Excursion	Excursão
Inhabituel	Incomum
Itinéraire	Itinerário
Joie	Alegria
Nature	Natureza
Navigation	Navegação
Nouveau	Novo
Opportunité	Oportunidade
Préparation	Preparação
Sécurité	Segurança
Surprenant	Surpreendente
Voyages	Viagens

Avions
Aviões

Air	Ar
Altitude	Altitude
Atmosphère	Atmosfera
Atterrissage	Aterrissagem
Aventure	Aventura
Ballon	Balão
Carburant	Combustível
Ciel	Céu
Construction	Construção
Descente	Descida
Direction	Direção
Équipage	Tripulação
Gonfler	Inflar
Hauteur	Altura
Histoire	História
Hydrogène	Hidrogênio
Moteur	Motor
Passager	Passageiro
Pilote	Piloto
Turbulence	Turbulência

Ballet
Balé

Applaudissement	Aplauso
Artistique	Artístico
Ballerine	Bailarina
Chorégraphie	Coreografia
Compétence	Habilidade
Compositeur	Compositor
Danseurs	Dançarinos
Expressif	Expressivo
Geste	Gesto
Gracieux	Gracioso
Intensité	Intensidade
Muscles	Músculos
Musique	Música
Orchestre	Orquestra
Public	Público
Répétition	Ensaio
Rythme	Ritmo
Solo	Solo
Style	Estilo
Technique	Técnica

Barbecues
Churrascos

Chaud	Quente
Couteaux	Facas
Déjeuner	Almoço
Dîner	Jantar
Enfants	Crianças
Été	Verão
Faim	Fome
Famille	Família
Fruit	Fruta
Gril	Grelha
Jeux	Jogos
Légumes	Legumes
Musique	Música
Oignons	Cebolas
Poivre	Pimenta
Poulet	Frango
Salades	Saladas
Sauce	Molho
Sel	Sal
Tomates	Tomates

Bateaux
Barcos

Ancre	Âncora
Bouée	Bóia
Canoë	Canoa
Corde	Corda
Équipage	Tripulação
Ferry	Balsa
Fleuve	Rio
Kayak	Caiaque
Lac	Lago
Marée	Maré
Marin	Marinheiro
Mât	Mastro
Mer	Mar
Moteur	Motor
Nautique	Náutico
Océan	Oceano
Radeau	Jangada
Vagues	Ondas
Voilier	Veleiro
Yacht	Iate

Bâtiments
Edifícios

Ambassade	Embaixada
Appartement	Apartamento
Cabine	Cabine
Château	Castelo
Cinéma	Cinema
École	Escola
Garage	Garagem
Grange	Celeiro
Hôpital	Hospital
Hôtel	Hotel
Laboratoire	Laboratório
Musée	Museu
Observatoire	Observatório
Stade	Estádio
Supermarché	Supermercado
Tente	Tenda
Théâtre	Teatro
Tour	Torre
Université	Universidade
Usine	Fábrica

Camping
Acampamento

Animaux	Animais
Aventure	Aventura
Boussole	Bússola
Cabine	Cabine
Canoë	Canoa
Carte	Mapa
Chapeau	Chapéu
Chasse	Caça
Corde	Corda
Équipement	Equipamento
Feu	Fogo
Forêt	Floresta
Hamac	Maca
Insecte	Inseto
Lac	Lago
Lanterne	Lanterna
Lune	Lua
Montagne	Montanha
Nature	Natureza
Tente	Tenda

Championnat
Campeonato

Champion	Campeão
Championnat	Campeonato
Endurance	Resistência
Entraîneur	Treinador
Équipe	Equipe
Finaliste	Finalista
Jeux	Jogos
Juge	Juiz
Ligue	Liga
Médaille	Medalha
Motivation	Motivação
Performance	Desempenho
Sports	Esportes
Stratégie	Estratégia
Tournoi	Torneio
Victoire	Vitória

Chats
Gatos

Chasseur	Caçador
Curieux	Curioso
Dormir	Dormir
Drôle	Engraçado
Espiègle	Brincalhão
Fil	Fio
Fou	Louco
Fourrure	Pele
Griffe	Garra
Indépendant	Independente
Patte	Pata
Personnalité	Personalidade
Queue	Cauda
Sauvage	Selvagem
Souris	Mouse
Timide	Tímido

Châteaux
Castelos

Armure	Armadura
Bouclier	Escudo
Catapulte	Catapulta
Cheval	Cavalo
Chevalier	Cavaleiro
Couronne	Coroa
Dragon	Dragão
Dynastie	Dinastia
Empire	Império
Épée	Espada
Féodal	Feudal
Forteresse	Fortaleza
Licorne	Unicórnio
Mur	Parede
Noble	Nobre
Palais	Palácio
Prince	Príncipe
Princesse	Princesa
Royaume	Reino
Tour	Torre

Chocolat
Chocolate

Amer	Amargo
Antioxydant	Antioxidante
Arôme	Aroma
Artisanal	Artesanal
Cacahuètes	Amendoins
Cacao	Cacau
Calories	Calorias
Caramel	Caramelo
Délicieux	Delicioso
Doux	Doce
Exotique	Exótico
Favori	Favorito
Goût	Gosto
Ingrédient	Ingrediente
Noix de Coco	Coco
Poudre	Pó
Qualité	Qualidade
Recette	Receita
Saveur	Sabor
Sucre	Açúcar

Cirque
Circo

Acrobate	Acrobata
Animaux	Animais
Ballons	Balões
Billet	Bilhete
Bonbon	Doce
Clown	Palhaço
Costume	Traje
Divertir	Entreter
Éléphant	Elefante
Jongleur	Malabarista
Lion	Leão
Magicien	Mágico
Magie	Magia
Musique	Música
Parade	Desfile
Singe	Macaco
Spectaculaire	Espetacular
Spectateur	Espectador
Tente	Tenda
Tigre	Tigre

Conduite
Dirigindo

Accident	Acidente
Camion	Caminhão
Carburant	Combustível
Carte	Mapa
Danger	Perigo
Freins	Freios
Garage	Garagem
Gaz	Gás
Licence	Licença
Moteur	Motor
Moto	Motocicleta
Piéton	Pedestre
Police	Polícia
Route	Estrada
Sécurité	Segurança
Trafic	Tráfego
Transport	Transporte
Tunnel	Túnel
Vitesse	Rapidez
Voiture	Carro

Conservation
Conservação

Bénévole	Voluntário
Climat	Clima
Cycle	Ciclo
Durable	Sustentável
Eau	Água
Environnemental	Ambiental
Écosystème	Ecossistema
Éducation	Educação
Habitat	Habitat
Naturel	Natural
Organique	Orgânico
Pesticide	Pesticida
Pollution	Poluição
Recycler	Reciclar
Réduire	Reduzir
Santé	Saúde
Vert	Verde

Corps Humain
Corpo Humano

Bouche	Boca
Cerveau	Cérebro
Cheville	Tornozelo
Cou	Pescoço
Coude	Cotovelo
Cœur	Coração
Doigt	Dedo
Estomac	Estômago
Épaule	Ombro
Genou	Joelho
Lèvres	Lábios
Main	Mão
Mâchoire	Mandíbula
Menton	Queixo
Nez	Nariz
Oreille	Orelha
Peau	Pele
Sang	Sangue
Tête	Cabeça
Visage	Rosto

Couleurs
Cores

Beige	Bege
Blanc	Branco
Bleu	Azul
Cramoisi	Carmesim
Cyan	Ciano
Fuchsia	Fuchsia
Gris	Cinza
Jaune	Amarelo
Magenta	Magenta
Marron	Marrom
Noir	Preto
Orange	Laranja
Rose	Rosa
Rouge	Vermelho
Sépia	Sépia
Vert	Verde
Violet	Roxo

Cuisine
Cozinha

Baguettes	Pauzinhos
Bol	Tigela
Bouilloire	Chaleira
Congélateur	Freezer
Couteaux	Facas
Cruche	Jarro
Cuillères	Colheres
Épices	Especiarias
Éponge	Esponja
Four	Forno
Fourchettes	Garfos
Gril	Grelha
Louche	Concha
Pot	Jar
Recette	Receita
Réfrigérateur	Geladeira
Serviette	Guardanapo
Tablier	Avental
Tasses	Cups

Danse
Dança

Académie	Academia
Art	Arte
Chorégraphie	Coreografia
Classique	Clássico
Corps	Corpo
Culture	Cultura
Culturel	Cultural
Expressif	Expressivo
Émotion	Emoção
Grâce	Graça
Joyeux	Alegre
Mouvement	Movimento
Musique	Música
Partenaire	Parceiro
Posture	Postura
Répétition	Ensaio
Rythme	Ritmo
Saut	Saltar
Traditionnel	Tradicional
Visuel	Visual

Dinosaures
Dinossauros

Ailes	Asas
Carnivore	Carnívoro
Espèce	Espécies
Énorme	Enorme
Évolution	Evolução
Fossiles	Fósseis
Grand	Grande
Herbivore	Herbívoro
Mammouth	Mamute
Omnivore	Onívoro
Préhistorique	Pré-Histórico
Proie	Presa
Puissant	Poderoso
Queue	Cauda
Rapace	Raptor
Reptile	Réptil
Taille	Tamanho
Terre	Terra
Vicieux	Vicioso

Disciplines Scientifiques
Disciplinas Científicas

Anatomie	Anatomia
Archéologie	Arqueologia
Astronomie	Astronomia
Biochimie	Bioquímica
Biologie	Biologia
Botanique	Botânica
Chimie	Química
Écologie	Ecologia
Géologie	Geologia
Immunologie	Imunologia
Linguistique	Linguística
Mécanique	Mecânica
Météorologie	Meteorologia
Minéralogie	Mineralogia
Neurologie	Neurologia
Physiologie	Fisiologia
Psychologie	Psicologia
Sociologie	Sociologia
Thermodynamique	Termodinâmica
Zoologie	Zoologia

Eau
Água

Canal	Canal
Douche	Chuveiro
Évaporation	Evaporação
Fleuve	Rio
Gel	Geada
Geyser	Geyser
Glace	Gelo
Humidité	Umidade
Inondation	Inundação
Irrigation	Irrigação
Lac	Lago
Mousson	Monção
Neige	Neve
Océan	Oceano
Ouragan	Furacão
Pluie	Chuva
Potable	Potável
Vagues	Ondas
Vapeur	Vapor

Escalade
Escalada

Altitude	Altitude
Atmosphère	Atmosfera
Bottes	Botas
Carte	Mapa
Casque	Capacete
Curiosité	Curiosidade
Défis	Desafios
Expert	Especialista
Étroit	Estreito
Force	Força
Gants	Luvas
Grotte	Caverna
Guides	Guias
Physique	Físico
Randonnée	Caminhada
Stabilité	Estabilidade
Terrain	Terreno

Exploration
Exploração

Activité	Atividade
Animaux	Animais
Apprendre	Aprender
Courage	Coragem
Cultures	Culturas
Dangers	Perigos
Découverte	Descoberta
Détermination	Determinação
Espace	Espaço
Excitation	Excitação
Épuisement	Exaustão
Inconnu	Desconhecido
Langue	Língua
Lointain	Distante
Nouveau	Novo
Quête	Busca
Sauvage	Selvagem
Terrain	Terreno
Voyage	Viagem

Échecs
Xadrez

Adversaire	Oponente
Apprendre	Aprender
Blanc	Branco
Champion	Campeão
Concours	Concurso
Défis	Desafios
Diagonal	Diagonal
Jeu	Jogo
Joueur	Jogador
Noir	Preto
Passif	Passivo
Points	Pontos
Reine	Rainha
Règles	Regras
Roi	Rei
Sacrifice	Sacrifício
Stratégie	Estratégia
Temps	Tempo
Tournoi	Torneio

École #1
Escola #1

Alphabet	Alfabeto
Amis	Amigos
Apprendre	Aprender
Bibliothèque	Biblioteca
Bureau	Mesa
Chaise	Cadeira
Crayon	Lápis
Des Stylos	Canetas
Déjeuner	Almoço
Dossiers	Pastas
Enseignant	Professor
Examens	Exames
Livres	Livros
Marqueurs	Marcadores
Math	Matemática
Nombres	Números
Papier	Papel
Quiz	Questionário
Réponses	Respostas

École #2
Escola # 2

Activités	Atividades
Apprentissage	Aprendizagem
Bibliothèque	Biblioteca
Bus	Ônibus
Calendrier	Calendário
Ciseaux	Tesoura
Crayon	Lápis
Dictionnaire	Dicionário
Enseignant	Professor
Écriture	Escrita
Éducation	Educação
Grammaire	Gramática
Jeux	Jogos
Lecture	Leitura
Littérature	Literatura
Livres	Livros
Math	Matemática
Ordinateur	Computador
Papier	Papel
Science	Ciência

Écologie
Ecologia

Bénévoles	Voluntários
Climat	Clima
Communautés	Comunidades
Diversité	Diversidade
Durable	Sustentável
Espèce	Espécies
Faune	Fauna
Flore	Flora
Habitat	Habitat
Marais	Pântano
Marin	Marinho
Montagnes	Montanhas
Nature	Natureza
Naturel	Natural
Plantes	Plantas
Ressources	Recursos
Sécheresse	Seca
Survie	Sobrevivência
Variété	Variedade
Végétation	Vegetação

Émotions
Emoções

Amour	Amor
Calme	Calmo
Colère	Raiva
Contenu	Conteúdo
Détendu	Relaxado
Embarrassé	Envergonhado
Ennui	Tédio
Excité	Animado
Gentillesse	Bondade
Joie	Alegria
Paix	Paz
Peur	Medo
Reconnaissant	Grato
Satisfait	Satisfeito
Sympathie	Simpatia
Tendresse	Ternura
Tranquillité	Tranquilidade
Tristesse	Tristeza

Épices
Especiarias

Aigre	Azedo
Ail	Alho
Amer	Amargo
Anis	Anis
Cannelle	Canela
Cardamome	Cardamomo
Coriandre	Coentro
Cumin	Cominho
Curry	Caril
Fenouil	Funcho
Gingembre	Gengibre
Muscade	Noz-Moscada
Oignon	Cebola
Paprika	Páprica
Poivre	Pimenta
Réglisse	Alcaçuz
Safran	Açafrão
Saveur	Sabor
Sel	Sal
Vanille	Baunilha

Famille
Família

Ancêtre	Antepassado
Cousin	Primo
Enfance	Infância
Enfant	Criança
Enfants	Crianças
Femme	Esposa
Fille	Filha
Frère	Irmão
Grand-Mère	Avó
Grand-Père	Avô
Mari	Marido
Maternel	Materno
Mère	Mãe
Neveu	Sobrinho
Nièce	Sobrinha
Oncle	Tio
Paternel	Paterno
Père	Pai
Soeur	Irmã
Tante	Tia

Ferme #1
Fazenda #1

Abeille	Abelha
Agriculture	Agricultura
Âne	Burro
Bison	Bisão
Champ	Campo
Chat	Gato
Cheval	Cavalo
Chèvre	Cabra
Chien	Cão
Clôture	Cerca
Corbeau	Corvo
Eau	Água
Engrais	Fertilizante
Foin	Feno
Miel	Mel
Poulet	Frango
Riz	Arroz
Troupeau	Rebanho
Vache	Vaca
Veau	Bezerro

Ferme #2
Fazenda #2

Agneau	Cordeiro
Agriculteur	Agricultor
Animaux	Animais
Berger	Pastor
Blé	Trigo
Canard	Pato
Fruit	Fruta
Grange	Celeiro
Irrigation	Irrigação
Lait	Leite
Lama	Lhama
Légume	Vegetal
Maïs	Milho
Mouton	Ovelha
Mûr	Maduro
Orge	Cevada
Pré	Prado
Ruche	Colmeia
Tracteur	Trator
Verger	Pomar

Fleurs
Flores

Bouquet	Buquê
Gardénia	Gardênia
Hibiscus	Hibisco
Jasmin	Jasmim
Jonquille	Narciso
Lavande	Lavanda
Lilas	Lilás
Lys	Lírio
Magnolia	Magnólia
Marguerite	Margarida
Orchidée	Orquídea
Pavot	Papoula
Pétale	Pétala
Pissenlit	Dente-De-Leão
Pivoine	Peônia
Plumeria	Plumeria
Rose	Rosa
Tournesol	Girassol
Trèfle	Trevo
Tulipe	Tulipa

Forêt Tropicale
Floresta Tropical

Amphibiens	Anfíbios
Botanique	Botânico
Climat	Clima
Communauté	Comunidade
Diversité	Diversidade
Espèce	Espécies
Indigène	Indígena
Insectes	Insetos
Jungle	Selva
Mammifères	Mamíferos
Mousse	Musgo
Nature	Natureza
Nuage	Nuvens
Oiseaux	Pássaros
Précieux	Valioso
Préservation	Preservação
Refuge	Refúgio
Respect	Respeito
Restauration	Restauração
Survie	Sobrevivência

Formes
Formas

Arc	Arco
Carré	Quadrado
Cercle	Círculo
Coin	Canto
Courbe	Curva
Cône	Cone
Côté	Lado
Cube	Cubo
Cylindre	Cilindro
Ellipse	Elipse
Hyperbole	Hipérbole
Ligne	Linha
Ovale	Oval
Polygone	Polígono
Prisme	Prisma
Pyramide	Pirâmide
Rectangle	Retângulo
Sphère	Esfera
Triangle	Triângulo

Fournitures d'Art
Material de Arte

Acrylique	Acrílico
Aquarelles	Aquarelas
Argile	Argila
Brosses	Escovas
Caméra	Câmera
Chaise	Cadeira
Charbon	Carvão
Chevalet	Cavalete
Colle	Cola
Couleurs	Cores
Crayons	Lápis
Créativité	Criatividade
Eau	Água
Encre	Tinta
Gomme	Apagador
Huile	Óleo
Papier	Papel
Pastels	Pastels
Peinture	Tintas
Table	Mesa

Fruit
Frutas

Abricot	Damasco
Ananas	Abacaxi
Avocat	Abacate
Baie	Baga
Banane	Banana
Cerise	Cereja
Citron	Limão
Figue	Figo
Framboise	Framboesa
Goyave	Goiaba
Kiwi	Kiwi
Mangue	Manga
Melon	Melão
Nectarine	Nectarina
Orange	Laranja
Papaye	Mamão
Pêche	Pêssego
Poire	Pera
Pomme	Maçã
Raisin	Uva

Géographie
Geografia

Altitude	Altitude
Atlas	Atlas
Carte	Mapa
Continent	Continente
Fleuve	Rio
Hémisphère	Hemisfério
Île	Ilha
Latitude	Latitude
Mer	Mar
Méridien	Meridiano
Monde	Mundo
Montagne	Montanha
Nord	Norte
Océan	Oceano
Ouest	Oeste
Pays	País
Région	Região
Sud	Sul
Territoire	Território
Ville	Cidade

Géologie
Geologia

Acide	Ácido
Calcium	Cálcio
Caverne	Caverna
Continent	Continente
Corail	Coral
Couche	Camada
Cristaux	Cristais
Érosion	Erosão
Fondu	Fundido
Fossile	Fóssil
Geyser	Geyser
Lave	Lava
Minéraux	Minerais
Pierre	Pedra
Plateau	Platô
Quartz	Quartzo
Sel	Sal
Stalactite	Estalactite
Volcan	Vulcão
Zone	Zona

Herboristerie
Herbalismo

Ail	Alho
Aromatique	Aromático
Basilic	Manjericão
Bénéfique	Benéfico
Culinaire	Culinário
Estragon	Estragão
Fenouil	Funcho
Fleur	Flor
Ingrédient	Ingrediente
Jardin	Jardim
Lavande	Lavanda
Marjolaine	Manjerona
Menthe	Menta
Persil	Salsa
Qualité	Qualidade
Romarin	Alecrim
Safran	Açafrão
Saveur	Sabor
Thym	Tomilho
Vert	Verde

Insectes
Insetos

Abeille	Abelha
Cafard	Barata
Cigale	Cigarra
Coccinelle	Joaninha
Fourmi	Formiga
Guêpe	Vespa
Larve	Larva
Libellule	Libélula
Mante	Louva-A-Deus
Moustique	Mosquito
Papillon	Borboleta
Puce	Pulga
Puceron	Pulgão
Sauterelle	Gafanhoto
Scarabée	Besouro
Termite	Cupim
Ver	Minhoca

Instruments de Musique
Instrumentos Musicais

Banjo	Banjo
Basson	Fagote
Clarinette	Clarinete
Flûte	Flauta
Gong	Gongo
Guitare	Violão
Harmonica	Gaita
Harpe	Harpa
Hautbois	Oboé
Mandoline	Bandolim
Marimba	Marimba
Percussion	Percussão
Piano	Piano
Saxophone	Saxofone
Tambour	Tambor
Tambourin	Pandeiro
Trombone	Trombone
Trompette	Trompete
Violon	Violino
Violoncelle	Violoncelo

Jardin
Jardim

Arbre	Árvore
Banc	Banco
Buisson	Arbusto
Clôture	Cerca
Étang	Lagoa
Fleur	Flor
Garage	Garagem
Hamac	Maca
Herbe	Grama
Jardin	Jardim
Pelle	Pá
Pelouse	Gramado
Porche	Varanda
Râteau	Ancinho
Sol	Solo
Terrasse	Terraço
Trampoline	Trampolim
Tuyau	Mangueira
Verger	Pomar
Vigne	Videira

Jouets
Brinquedos

Argile	Argila
Artisanat	Artesanato
Avion	Avião
Balle	Bola
Bateau	Barco
Camion	Caminhão
Cerf-Volant	Pipa
Échecs	Xadrez
Favori	Favorito
Imagination	Imaginação
Jeux	Jogos
Livres	Livros
Peinture	Tintas
Poupée	Boneca
Robot	Robô
Tambours	Bateria
Vélo	Bicicleta
Voiture	Carro

Jours et Mois
Dias e Meses

Août	Agosto
Avril	Abril
Calendrier	Calendário
Dimanche	Domingo
Février	Fevereiro
Janvier	Janeiro
Jeudi	Quinta-Feira
Juillet	Julho
Juin	Junho
Lundi	Segunda-Feira
Mardi	Terça
Mars	Março
Mercredi	Quarta-Feira
Mois	Mês
Novembre	Novembro
Octobre	Outubro
Samedi	Sábado
Semaine	Semana
Septembre	Setembro
Vendredi	Sexta-Feira

Les Abeilles
Abelhas

Ailes	Asas
Bénéfique	Benéfico
Cire	Cera
Diversité	Diversidade
Essaim	Enxame
Écosystème	Ecossistema
Fleur	Flor
Fleurs	Flores
Fruit	Fruta
Fumée	Fumaça
Habitat	Habitat
Insecte	Inseto
Jardin	Jardim
Miel	Mel
Plantes	Plantas
Pollen	Pólen
Reine	Rainha
Ruche	Colmeia
Soleil	Sol

Légumes
Vegetais

Ail	Alho
Artichaut	Alcachofra
Aubergine	Beringela
Brocoli	Brócolis
Carotte	Cenoura
Céleri	Aipo
Champignon	Cogumelo
Citrouille	Abóbora
Concombre	Pepino
Échalote	Chalota
Épinard	Espinafre
Gingembre	Gengibre
Navet	Nabo
Oignon	Cebola
Olive	Oliva
Persil	Salsa
Pois	Ervilha
Radis	Rabanete
Salade	Salada
Tomate	Tomate

Littérature
Literatura

Analogie	Analogia
Analyse	Análise
Anecdote	Anedota
Auteur	Autor
Biographie	Biografia
Comparaison	Comparação
Conclusion	Conclusão
Description	Descrição
Dialogue	Diálogo
Fiction	Ficção
Métaphore	Metáfora
Narrateur	Narrador
Poème	Poema
Poétique	Poético
Rime	Rima
Roman	Romance
Rythme	Ritmo
Style	Estilo
Thème	Tema
Tragédie	Tragédia

Livres
Livros

Auteur	Autor
Aventure	Aventura
Collection	Coleção
Contexte	Contexto
Dualité	Dualidade
Épique	Épico
Histoire	História
Historique	Histórico
Humoristique	Humorado
Inventif	Inventivo
Lecteur	Leitor
Littéraire	Literário
Narrateur	Narrador
Page	Página
Pertinent	Relevante
Poème	Poema
Poésie	Poesia
Roman	Romance
Série	Série
Tragique	Trágico

Maison
Casa

Balai	Vassoura
Bibliothèque	Biblioteca
Chambre	Quarto
Cheminée	Lareira
Clés	Chaves
Clôture	Cerca
Cuisine	Cozinha
Douche	Chuveiro
Fenêtre	Janela
Garage	Garagem
Grenier	Sótão
Jardin	Jardim
Miroir	Espelho
Mur	Parede
Plafond	Teto
Porte	Porta
Rideaux	Cortinas
Sous-Sol	Porão
Tapis	Tapete
Toit	Telhado

Mammifères
Mamíferos

Baleine	Baleia
Chat	Gato
Cheval	Cavalo
Chien	Cão
Coyote	Coiote
Dauphin	Golfinho
Éléphant	Elefante
Girafe	Girafa
Gorille	Gorila
Kangourou	Canguru
Lapin	Coelho
Lion	Leão
Loup	Lobo
Mouton	Ovelha
Ours	Urso
Renard	Raposa
Singe	Macaco
Taureau	Touro
Tigre	Tigre
Zèbre	Zebra

Mathématiques
Matemática

Angles	Ângulos
Arithmétique	Aritmética
Carré	Quadrado
Décimal	Decimal
Diamètre	Diâmetro
Exposant	Expoente
Équation	Equação
Fraction	Fração
Géométrie	Geometria
Parallèle	Paralelo
Parallélogramme	Paralelogramo
Perpendiculaire	Perpendicular
Périmètre	Perímetro
Polygone	Polígono
Rayon	Raio
Rectangle	Retângulo
Somme	Soma
Symétrie	Simetria
Triangle	Triângulo
Volume	Volume

Mesures
Medições

Centimètre	Centímetro
Degré	Grau
Décimal	Decimal
Gramme	Grama
Hauteur	Altura
Kilogramme	Quilograma
Kilomètre	Quilômetro
Largeur	Largura
Litre	Litro
Longueur	Comprimento
Masse	Massa
Mètre	Metro
Minute	Minuto
Octet	Byte
Once	Onça
Poids	Peso
Pouce	Polegada
Profondeur	Profundidade
Tonne	Tonelada
Volume	Volume

Meubles
Móveis

Banc	Banco
Bibliothèque	Estante
Bureau	Mesa
Canapé	Sofá
Chaise	Cadeira
Commode	Cômoda
Coussins	Almofadas
Étagères	Prateleiras
Fauteuil	Poltrona
Futon	Futon
Hamac	Maca
Lit	Cama
Matelas	Colchão
Miroir	Espelho
Oreiller	Almofada
Rideaux	Cortinas
Tapis	Tapete

Méditation
Meditação

Acceptation	Aceitação
Attention	Atenção
Calme	Calmo
Clarté	Clareza
Compassion	Compaixão
Émotions	Emoções
Éveillé	Acordado
Gentillesse	Bondade
Gratitude	Gratidão
Habitudes	Hábitos
Mental	Mental
Mouvement	Movimento
Musique	Música
Nature	Natureza
Observation	Observação
Paix	Paz
Perspective	Perspectiva
Posture	Postura
Respiration	Respirando
Silence	Silêncio

Météo
Clima

Arc-En-Ciel	Arco-Íris
Atmosphère	Atmosfera
Brise	Brisa
Brouillard	Nevoeiro
Calme	Calmo
Ciel	Céu
Climat	Clima
Glace	Gelo
Mousson	Monção
Nuage	Nuvem
Ouragan	Furacão
Polaire	Polar
Sec	Seco
Sécheresse	Seca
Température	Temperatura
Tempête	Tempestade
Tonnerre	Trovão
Tornade	Tornado
Tropical	Tropical
Vent	Vento

Mythologie
Mitologia

Archétype	Arquétipo
Catastrophe	Desastre
Comportement	Comportamento
Création	Criação
Créature	Criatura
Croyances	Crenças
Culture	Cultura
Éclair	Relâmpago
Force	Força
Guerrier	Guerreiro
Héros	Herói
Immortalité	Imortalidade
Jalousie	Ciúmes
Labyrinthe	Labirinto
Légende	Lenda
Magique	Mágico
Monstre	Monstro
Mortel	Mortal
Tonnerre	Trovão
Vengeance	Vingança

Nature
Natureza

Abeilles	Abelhas
Abri	Abrigo
Animaux	Animais
Arctique	Ártico
Beauté	Beleza
Brouillard	Nevoeiro
Désert	Deserto
Dynamique	Dinâmico
Érosion	Erosão
Feuillage	Folhagem
Fleuve	Rio
Forêt	Floresta
Glacier	Geleira
Nuage	Nuvens
Paisible	Pacífico
Sanctuaire	Santuário
Sauvage	Selvagem
Serein	Sereno
Tropical	Tropical
Vital	Vital

Nombres
Números

Cinq	Cinco
Deux	Dois
Décimal	Decimal
Dix	Dez
Dix-Huit	Dezoito
Dix-Neuf	Dezenove
Dix-Sept	Dezessete
Douze	Doze
Huit	Oito
Neuf	Nove
Quatorze	Quatorze
Quatre	Quatro
Quinze	Quinze
Seize	Dezesseis
Sept	Sete
Six	Seis
Treize	Treze
Trois	Três
Vingt	Vinte
Zéro	Zero

Nourriture #1
Comida #1

Ail	Alho
Basilic	Manjericão
Café	Café
Cannelle	Canela
Carotte	Cenoura
Citron	Limão
Épinard	Espinafre
Fraise	Morango
Jus	Suco
Lait	Leite
Navet	Nabo
Oignon	Cebola
Orge	Cevada
Poire	Pera
Salade	Salada
Sel	Sal
Soupe	Sopa
Sucre	Açúcar
Thon	Atum
Viande	Carne

Nourriture #2
Comida # 2

Amande	Amêndoa
Aubergine	Beringela
Banane	Banana
Blé	Trigo
Brocoli	Brócolis
Cerise	Cereja
Céleri	Aipo
Champignon	Cogumelo
Chocolat	Chocolate
Jambon	Presunto
Kiwi	Kiwi
Mangue	Manga
Oeuf	Ovo
Pain	Pão
Poisson	Peixe
Pomme	Maçã
Poulet	Frango
Raisin	Uva
Riz	Arroz
Tomate	Tomate

Nutrition
Nutrição

Amer	Amargo
Appétit	Apetite
Calories	Calorias
Comestible	Comestível
Diète	Dieta
Digestion	Digestão
Épices	Especiarias
Équilibré	Equilibrado
Fermentation	Fermentação
Glucides	Carboidratos
Liquides	Líquidos
Poids	Peso
Protéines	Proteínas
Qualité	Qualidade
Sain	Saudável
Santé	Saúde
Sauce	Molho
Saveur	Sabor
Toxine	Toxina
Vitamine	Vitamina

Océan
Oceano

Algue	Alga
Anguille	Enguia
Baleine	Baleia
Bateau	Barco
Corail	Coral
Crabe	Caranguejo
Crevette	Camarão
Dauphin	Golfinho
Éponge	Esponja
Huître	Ostra
Méduse	Medusa
Poisson	Peixe
Poulpe	Polvo
Requin	Tubarão
Récif	Recife
Sel	Sal
Tempête	Tempestade
Thon	Atum
Tortue	Tartaruga
Vagues	Ondas

Oiseaux
Pássaros

Aigle	Águia
Autruche	Avestruz
Canard	Pato
Cigogne	Cegonha
Colombe	Pomba
Corbeau	Corvo
Coucou	Cuco
Cygne	Cisne
Héron	Garça
Manchot	Pinguim
Moineau	Pardal
Mouette	Gaivota
Oeuf	Ovo
Oie	Ganso
Paon	Pavão
Perroquet	Papagaio
Pélican	Pelicano
Pigeon	Pombo
Poulet	Frango
Toucan	Tucano

Outils
Ferramentas

Agrafe	Grampo
Agrafeuse	Grampeador
Câble	Cabo
Ciseaux	Tesoura
Colle	Cola
Corde	Corda
Couteau	Faca
Échelle	Escada
Hache	Machado
Maillet	Malho
Marteau	Martelo
Pelle	Pá
Pinces	Alicate
Rasoir	Navalha
Roue	Roda
Torche	Tocha
Vis	Parafuso

Pays #2
Países #2

Albanie	Albânia
Chine	China
Danemark	Dinamarca
France	França
Haïti	Haiti
Indonésie	Indonésia
Irlande	Irlanda
Jamaïque	Jamaica
Japon	Japão
Kenya	Quênia
Laos	Laos
Liban	Líbano
Mexique	México
Ouganda	Uganda
Pakistan	Paquistão
Russie	Rússia
Somalie	Somália
Soudan	Sudão
Syrie	Síria
Ukraine	Ucrânia

Paysages
Paisagens

Cascade	Cascata
Colline	Colina
Désert	Deserto
Estuaire	Estuário
Fleuve	Rio
Geyser	Geyser
Glacier	Geleira
Grotte	Caverna
Iceberg	Iceberg
Île	Ilha
Lac	Lago
Marais	Pântano
Mer	Mar
Montagne	Montanha
Oasis	Oásis
Péninsule	Península
Plage	Praia
Toundra	Tundra
Vallée	Vale
Volcan	Vulcão

Pêche
Pesca

Appât	Isca
Bateau	Barco
Branchies	Brânquias
Crochet	Gancho
Cuire	Cozinhar
Eau	Água
Exagération	Exagero
Équipement	Equipamento
Fil	Fio
Fleuve	Rio
Lac	Lago
Mâchoire	Mandíbula
Océan	Oceano
Panier	Cesta
Patience	Paciência
Plage	Praia
Poids	Peso
Saison	Temporada

Pirates
Piratas

Ancre	Âncora
Aventure	Aventura
Capitaine	Capitão
Carte	Mapa
Cicatrice	Cicatriz
Danger	Perigo
Drapeau	Bandeira
Épée	Espada
Équipage	Tripulação
Grotte	Caverna
Île	Ilha
Légende	Lenda
Mauvais	Mau
Océan	Oceano
Or	Ouro
Perroquet	Papagaio
Pièces	Moedas
Plage	Praia
Rhum	Rum
Trésor	Tesouro

Plage
Praia

Bateau	Barco
Bleu	Azul
Côte	Costa
Crabe	Caranguejo
Dock	Doca
Île	Ilha
Lagune	Lagoa
Mer	Mar
Océan	Oceano
Parapluie	Guarda-Chuva
Récif	Recife
Sable	Areia
Sandales	Sandálias
Serviette	Toalha
Soleil	Sol
Voilier	Veleiro

Plantes
Plantas

Arbre	Árvore
Baie	Baga
Bambou	Bambu
Botanique	Botânica
Buisson	Arbusto
Cactus	Cacto
Engrais	Fertilizante
Feuillage	Folhagem
Fleur	Flor
Flore	Flora
Forêt	Floresta
Grandir	Crescer
Haricot	Feijão
Herbe	Erva
Jardin	Jardim
Lierre	Hera
Mousse	Musgo
Pétale	Pétala
Racine	Raiz
Végétation	Vegetação

Professions #1
Profissões #1

Ambassadeur	Embaixador
Astronome	Astrônomo
Avocat	Advogado
Banquier	Banqueiro
Bijoutier	Joalheiro
Cartographe	Cartógrafo
Chasseur	Caçador
Danseur	Dançarino
Entraîneur	Treinador
Éditeur	Editor
Géologue	Geólogo
Infirmière	Enfermeira
Médecin	Doutor
Musicien	Músico
Pianiste	Pianista
Plombier	Encanador
Pompier	Bombeiro
Psychologue	Psicólogo
Scientifique	Cientista
Vétérinaire	Veterinário

Professions #2
Profissões #2

Astronaute	Astronauta
Bibliothécaire	Bibliotecário
Biologiste	Biólogo
Chercheur	Investigador
Chirurgien	Cirurgião
Dentiste	Dentista
Détective	Detetive
Enseignant	Professor
Illustrateur	Ilustrador
Ingénieur	Engenheiro
Inventeur	Inventor
Jardinier	Jardineiro
Journaliste	Jornalista
Linguiste	Linguista
Médecin	Médico
Peintre	Pintor
Philosophe	Filósofo
Photographe	Fotógrafo
Pilote	Piloto
Zoologiste	Zoólogo

Randonnée
Caminhada

Animaux	Animais
Bottes	Botas
Camping	Acampamento
Carte	Mapa
Climat	Clima
Eau	Água
Falaise	Penhasco
Fatigué	Cansado
Guides	Guias
Lourd	Pesado
Météo	Tempo
Montagne	Montanha
Nature	Natureza
Orientation	Orientação
Parcs	Parques
Pierres	Pedras
Préparation	Preparação
Sauvage	Selvagem
Soleil	Sol
Sommet	Cume

Remplir
Preencher

Baril	Barril
Bassin	Bacia
Boîte	Caixa
Bouteille	Garrafa
Dossier	Pasta
Enveloppe	Envelope
Navire	Navio
Panier	Cesta
Paquet	Pacote
Plateau	Bandeja
Poche	Bolso
Pot	Jar
Sac	Saco
Seau	Balde
Tiroir	Gaveta
Tube	Tubo
Valise	Mala
Vase	Vaso

Restaurant #1
Restaurante #1

Allergie	Alergia
Assiette	Placa
Bol	Tigela
Café	Café
Caissier	Caixa
Couteau	Faca
Cuisine	Cozinha
Dessert	Sobremesa
Épicé	Picante
Ingrédients	Ingredientes
Menu	Menu
Pain	Pão
Poulet	Frango
Réservation	Reserva
Sauce	Molho
Serveuse	Garçonete
Serviette	Guardanapo
Viande	Carne

Restaurant #2
Restaurante # 2

Boisson	Bebida
Chaise	Cadeira
Cuillère	Colher
Déjeuner	Almoço
Délicieux	Delicioso
Dîner	Jantar
Eau	Água
Épices	Especiarias
Fourchette	Garfo
Fruit	Fruta
Gâteau	Bolo
Glace	Gelo
Légumes	Legumes
Nouilles	Macarrão
Oeuf	Ovo
Poisson	Peixe
Salade	Salada
Sel	Sal
Serveur	Garçom
Soupe	Sopa

Salle de Bains
Banheiro

Bain	Banho
Bulles	Bolhas
Ciseaux	Tesoura
Douche	Chuveiro
Eau	Água
Éponge	Esponja
Lotion	Loção
Miroir	Espelho
Parfum	Perfume
Robinet	Torneira
Savon	Sabão
Serviette	Toalha
Shampooing	Xampu
Tapis	Tapete
Toilette	Banheiro
Vapeur	Vapor

Science
Ciência

Atome	Átomo
Chimique	Químico
Climat	Clima
Données	Dados
Expérience	Experiência
Évolution	Evolução
Fait	Fato
Fossile	Fóssil
Gravité	Gravidade
Hypothèse	Hipótese
Laboratoire	Laboratório
Méthode	Método
Minéraux	Minerais
Molécules	Moléculas
Nature	Natureza
Observation	Observação
Organisme	Organismo
Particules	Partículas
Physique	Física
Scientifique	Cientista

Science-Fiction
Ficção Científica

Atomique	Atómico
Cinéma	Cinema
Explosion	Explosão
Extrême	Extremo
Fantastique	Fantástico
Feu	Fogo
Futuriste	Futurista
Galaxie	Galáxia
Illusion	Ilusão
Imaginaire	Imaginário
Livres	Livros
Monde	Mundo
Mystérieux	Misterioso
Oracle	Oráculo
Planète	Planeta
Réaliste	Realista
Robots	Robôs
Scénario	Cenário
Technologie	Tecnologia
Utopie	Utopia

Sons
Sons

Applaudir	Aplaudir
Bruyant	Ruidoso
Chuchoter	Sussurrar
Chœur	Coro
Cloche	Sino
Concert	Concerto
Écho	Eco
Fort	Alto
Gémir	Gemer
Répétitif	Repetitivo
Résonnant	Ressonante
Rire	Riso
Sifflet	Apito
Sirènes	Sirenes
Toux	Tosse
Vibration	Vibração
Voix	Vozes

Sports
Esportes

Arbitre	Árbitro
Athlète	Atleta
Base-Ball	Beisebol
Basket-Ball	Basquete
Championnat	Campeonato
Entraîneur	Treinador
Équipe	Equipe
Gagnant	Ganhador
Golf	Golfe
Gymnase	Ginásio
Gymnastique	Ginástica
Hockey	Hóquei
Jeu	Jogo
Joueur	Jogador
Mouvement	Movimento
Stade	Estádio
Tennis	Tênis
Vélo	Bicicleta

Technologie
Tecnologia

Blog	Blog
Caméra	Câmera
Curseur	Cursor
Données	Dados
Écran	Tela
Fichier	Arquivo
Internet	Internet
Logiciel	Software
Message	Mensagem
Navigateur	Navegador
Numérique	Digital
Octets	Bytes
Ordinateur	Computador
Police	Fonte
Recherche	Pesquisa
Sécurité	Segurança
Statistiques	Estatísticas
Virtuel	Virtual
Virus	Vírus

Temps
Tempo

Année	Ano
Annuel	Anual
Après	Depois
Avant	Antes
Bientôt	Em Breve
Calendrier	Calendário
Décennie	Década
Futur	Futuro
Heure	Hora
Hier	Ontem
Horloge	Relógio
Jour	Dia
Maintenant	Agora
Matin	Manhã
Midi	Meio-Dia
Minute	Minuto
Mois	Mês
Nuit	Noite
Semaine	Semana
Siècle	Século

Types de Cheveux
Tipos de Cabelo

Argent	Prata
Blanc	Branco
Blond	Loiro
Boucles	Cachos
Brillant	Brilhante
Chauve	Careca
Coloré	Colori
Court	Curto
Doux	Suave
Épais	Grosso
Frisé	Encaracolado
Gris	Cinza
Long	Longo
Marron	Marrom
Mince	Fino
Noir	Preto
Ondulé	Ondulado
Sain	Saudável
Sec	Seco
Tressé	Trançado

Vacances #2
Férias #2

Aéroport	Aeroporto
Camping	Acampamento
Carte	Mapa
Destination	Destino
Étranger	Estrangeiro
Hôtel	Hotel
Île	Ilha
Loisir	Lazer
Mer	Mar
Passeport	Passaporte
Photos	Fotos
Plage	Praia
Restaurant	Restaurante
Réservations	Reservas
Taxi	Táxi
Tente	Tenda
Transport	Transporte
Vacances	Feriado
Visa	Visto
Voyage	Viagem

Vertus #1
Virtudes #1

Artistique	Artístico
Bon	Bom
Charmant	Encantador
Confiant	Confiante
Curieux	Curioso
Décisif	Decisivo
Drôle	Engraçado
Efficace	Eficiente
Généreux	Generoso
Imaginatif	Imaginativo
Indépendant	Independente
Intelligent	Inteligente
Modeste	Modesto
Passionné	Apaixonado
Patient	Paciente
Pratique	Prático
Propre	Limpo
Sage	Sábio
Utile	Útil

Véhicules
Veículos

Ambulance	Ambulância
Avion	Avião
Bateau	Barco
Bus	Ônibus
Camion	Caminhão
Caravane	Caravana
Ferry	Balsa
Fusée	Foguete
Hélicoptère	Helicóptero
Métro	Metrô
Moteur	Motor
Navette	Transporte
Pneus	Pneus
Radeau	Jangada
Scooter	Lambreta
Sous-Marin	Submarino
Taxi	Táxi
Tracteur	Trator
Vélo	Bicicleta
Voiture	Carro

Vêtements
Roupas

Bracelet	Pulseira
Ceinture	Cinto
Chapeau	Chapéu
Chaussure	Sapato
Chemise	Camisa
Chemisier	Blusa
Collier	Colar
Foulard	Lenço
Gants	Luvas
Jeans	Jeans
Jupe	Saia
Manteau	Casaco
Mode	Moda
Pantalon	Calça
Pull	Suéter
Pyjama	Pijama
Robe	Vestido
Sandales	Sandálias
Tablier	Avental
Veste	Jaqueta

Ville
Cidade

Aéroport	Aeroporto
Banque	Banco
Bibliothèque	Biblioteca
Boulangerie	Padaria
Cinéma	Cinema
Clinique	Clínica
École	Escola
Fleuriste	Florista
Galerie	Galeria
Hôtel	Hotel
Librairie	Livraria
Marché	Mercado
Musée	Museu
Pharmacie	Farmácia
Restaurant	Restaurante
Salon	Salão
Stade	Estádio
Supermarché	Supermercado
Théâtre	Teatro
Université	Universidade

Félicitations

Vous avez réussi !

Nous espérons que vous avez apprécié ce livre autant que nous avons pris plaisir à le concevoir. Nous faisons de notre mieux pour créer des livres de la meilleure qualité possible.
Cette édition est conçue pour permettre un apprentissage intelligent et de qualité en se divertissant !

Vous avez aimé ce livre ?

Une Simple Demande

Nos livres existent grâce aux avis que vous publiez. Pourriez-vous nous aider en laissant un avis maintenant ?

Voici un lien rapide qui vous mènera à votre page d'évaluation de vos commandes :

BestBooksActivity.com/Avis50

CHALLENGE FINAL !

Défi n°1

Êtes-vous prêt pour votre jeu bonus ? Nous les utilisons tout le temps mais ils ne sont pas si faciles à trouver. Voici les **Synonymes** !

Notez 5 mots que vous avez trouvés dans les puzzles notés ci-dessous (n°21, n°36, n°76) et essayez de trouver 2 synonymes pour chaque mot.

*Notez 5 Mots du **Puzzle 21***

Mots	Synonyme 1	Synonyme 2

*Notez 5 Mots du **Puzzle 36***

Mots	Synonyme 1	Synonyme 2

*Notez 5 Mots du **Puzzle 76***

Mots	Synonyme 1	Synonyme 2

Défi n°2

Maintenant que vous vous êtes échauffé, notez 5 mots que vous avez découverts dans les Puzzles n° 9, n° 17, n° 25 et essayez de trouver 2 antonymes pour chaque mot. Combien pouvez-vous en trouver en 20 minutes ?

Notez 5 Mots du **Puzzle 9**

Mots	Antonyme 1	Antonyme 2

Notez 5 Mots du **Puzzle 17**

Mots	Antonyme 1	Antonyme 2

Notez 5 Mots du **Puzzle 25**

Mots	Antonyme 1	Antonyme 2

Défi n°3

Formidable ! Ce défi final   n'est rien pour vous.

Prêt pour le dernier défi ? Choisissez 10 mots que vous avez découverts parmi les différents puzzles et notez-les ci-dessous.

1.	6.
2.	7.
3.	8.
4.	9.
5.	10.

Maintenant, composez un texte en pensant à une personne, un animal ou un lieu que vous aimez !

Astuce: Vous pouvez utiliser la dernière page de ce livre comme brouillon !

Votre Composition :

CARNET DE NOTES :

À TRÈS BIENTÔT !

Toute l'équipe

DECOUVREZ DES JEUX GRATUITS

GO

↓

BESTACTIVITYBOOKS.COM/FREEGAMES

www.ingramcontent.com/pod-product-compliance
Lightning Source LLC
Chambersburg PA
CBHW082208120626
46553CB00010B/3057